基本公共服务的区域差异与均等化研究

白秀银　著

中国财经出版传媒集团

经济科学出版社
Economic Science Press

图书在版编目（CIP）数据

基本公共服务的区域差异与均等化研究/白秀银著
. --北京：经济科学出版社，2022.8
ISBN 978 - 7 - 5218 - 3844 - 2

Ⅰ.①基…　Ⅱ.①白…　Ⅲ.①公共服务 - 研究　Ⅳ.
①C912.6

中国版本图书馆 CIP 数据核字（2022）第 120864 号

责任编辑：谭志军
责任校对：刘　昕
责任印制：范　艳

基本公共服务的区域差异与均等化研究
白秀银　著
经济科学出版社出版、发行　新华书店经销
社址：北京市海淀区阜成路甲 28 号　邮编：100142
总编部电话：010 - 88191217　发行部电话：010 - 88191522
网址：www. esp. com. cn
电子邮箱：esp@ esp. com. cn
天猫网店：经济科学出版社旗舰店
网址：http://jjkxcbs. tmall. com
北京季蜂印刷有限公司印装
710×1000　16 开　15.75 印张　250000 字
2022 年 8 月第 1 版　2022 年 8 月第 1 次印刷
ISBN 978 - 7 - 5218 - 3844 - 2　定价：75.00 元
（图书出现印装问题，本社负责调换。电话：010 - 88191510）
（版权所有　侵权必究　打击盗版　举报热线：010 - 88191661
QQ：2242791300　营销中心电话：010 - 88191537
电子邮箱：dbts@ esp. com. cn）

基本公共服务均等化是与人民群众最现实、最关心、事关切身利益的关切，是随着人们对美好生活向往而产生的较高层次追求，关系公平、正义与发展。各区域之间以及区域内部基本公共服务的均等化水平、质量水平直接体现为人们群众实际生活水平和质量的差距。

党的十九大报告提出：到2035年，城乡区域发展差距和居民生活水平差距显著缩小，基本公共服务均等化基本实现。党的十九届四中全会决定进一步指出：满足人民多层次多样化需求，使改革发展成果更多更公平惠及全体人民。在均等化、可及性、普惠性等目标外，多样化、个性化、精细化、高质量也成为我国公共服务发展的重要指向。2021年，基本公共服务体系更加完善，城乡基本公共服务供给已经实现基本均衡，城乡居民之间在生活水平和质量上的差距逐渐缩小。

然而，我国公共服务供给仍然存在四组矛盾。第一，基本公共服务供给存在结构性失衡与基本公共服务均等化之间的矛盾。主要表现为供给内容（教育、医疗、社保、交通等）和供给要素（人力、财务、物力等）两方面的空间配置和人群配置的结构性失衡，是实现基本公共服务均等化、普惠化的最大障碍。第二，基本公共服务供给存在区域同质化与人民需求个性化之间的矛盾。主要表现为区域基本公共服务供给体系不完善，区域供给过程协同联动动力不足，人民需求被同质化处理；公共服务领域广泛，种类繁多，而细分领域不足，造成人民需求被同质化处理。第三，区域基本公共服务存在供给能力差异和人民高质化需求差异的矛盾。主要表现为区域基本公共服务供给体系和供给过程不完善，基本公共服务制度区域保障差异，使得基本公共服务供给在某些方面只能满足基本需要，未达到高质量要求。第四，存在公共服务监管不到位与公共服务可持续发展之间的矛盾。主要表现为对供给主体和需求主体区域资源整合的不足，造成基本公共服务均等化监管未能实现全方位和全过程的动态反馈。

当前基本公共服务均等化程度如何？是否有较大的区域差异？差异程度否会影响人民群众的获得感和幸福感？本研究基于区域差异化理论和公共服务理论的分析框架，以公平理论和福利经济理论为价值理念，查阅代表性城市的统计年鉴、政府工作报告、蓝白皮书等，对各大区域基本公共服务均等化的面板数据展开分析，探索基本公共服务区域均等化的策略与实现机制。

全书共六章，第一章导论，是对研究基本公共服务区域差异与均等化的背景、意义等进行简要论述；第二章是概述基本公共服务区域差异的相关概念和理论基础，界定了基本公共服务、区域差异、基本公共服务均等化的内涵，介绍了本研究所使用的相关理论基础；第三章是基本公共服务均等化的历史演进，从历史脉络上梳理基本公共服务均等化在我国的发展情况；第四章是基本公共服务区域差异现状，分别从京津冀地区、长三角地区、珠三角地区、中东部地区、东北地区等选取代表性城市分析基本公共服务区域差异与均等化；第五章是我国基本公共服务均等化的影响因素分析，从经济发展水平、政策环境因素和人文素质因素等方面分析了区域差异与基本公共服务均等化之间的双向影响；第六章是基本公共服务区域均等化的策略与实现机制探究。

本书内容全面、结构清晰，涵盖了基本公共服务均等化的基本情况，尤其是对主要城市基本公共服务区域差异进行了细致的介绍和概述。书中融入笔者多年来的科研成果，参考运用了相当多的文献资料，力求内容详实，理论方面深入浅出，可满足各个层次的读者需求。

本书的撰写过程中，笔者参考了大量的资料，同时得到了成都市发展与改革委员会唐晖、电子科技大学康健等许多专家学者的帮助和指导，在此表示真诚的感谢。学生陈美君、廖加宁、李思婷、王欣、况希、彭小康协助整理了资料和文字编辑，一并感谢。因作者水平限，书中仍难免疏漏之处，希望同行学者和广大读者予以批评指正，以求进一步完善。

白秀银

2022 年 1 月

目录
CONTENTS

导　论

■ 第一节　选题的背景

享有基本公共服务是公民的基本权利，保障人人享有基本公共服务是政府的重要职责。推进基本公共服务均等化，是全面建成小康社会的应有之义。虽然小康社会已经全面建成，但我国经济社会发展的区域特征还是十分明显，完善国家基本公共服务体系、推动基本公共服务均等化水平稳步提升，面临新的机遇和挑战。

一、经济社会发展新变化引发基本公共服务均等化新要求

在党中央的坚强领导下，我国在社会主义现代化建设中不断取得新成就、创造新辉煌，在经济、政治、文化、社会、生态等领域的成就显著，为历史和人民都交上了一份满意的答卷。纵观改革开放40余年的历程，中国经济实现了腾飞，连续多年保持国内生产总值两位数的增长速度，国内生产总值从改革开放之初的3645.2亿元增加到2018年的90万亿元，增长了247倍，经济总量赶超日本成为仅次于美国的全球第二经济体。国家统计局2021年公布的最新数据显示，2020年我国国内生产总值（GDP）首次突破100万亿元的大关，相较上一年增长2.3%，中国创造了在疫情严峻考验下成为全球唯一实

现经济正增长的主要经济体的成绩。综合国力持续提升，人民生活得到显著改善。与此同时，人民群众对基本公共服务的需求更加多元，对共同富裕、公平正义、幸福安康的新生活更加期待。

在经济发展成果显著、综合国力增强、人民生活水平明显改善的同时，国内不同区域间经济发展出现步调不一致情况。区域发展不平衡是制约中国经济实现高质量发展的主要问题，从空间上看表现为不同地区间发展失衡，从时间上看表现为区域经济发展方式的不可持续性和不协调性。

二、基本公共服务区域差异和均等化影响共同富裕实现

促进区域协调发展，缩小基本公共服务区域差异，实现均等化，走高质量发展道路是实现共同富裕，实现发展成果由人民共享的必由之路和根本之策。区域经济或多或少都会出现一定的差异，区域经济产生差异是一种正常的现象，但基本公共服务是否均等，会带来严重的公平与效率问题，可能会造成区域之间的冲突，影响人民生活的质量。

当前我国区域间基本公共服务存在规模不足、质量不高、发展不平衡等短板，实现区域均等化的任务仍然艰巨且迫切，突出表现在：（1）基本公共服务的总量和质量供给仍有待提高，体制机制创新滞后；（2）城乡区域间资源配置不均衡，硬件软件不协调，服务水平差异较大，基本公共服务在城乡、区域、组织、群体以及个体之间的供给存在失衡，尤其是区域间不协调、不平衡问题突出；（3）基本医疗、住房保障、以户籍作为社会救助等基本公共服务享有条件的制度安排仍存在壁垒，流动人口、外来人口享有同等基本公共服务并未完全实现，一些服务项目存在覆盖盲区，尚未有效惠及全部流动人口和困难群体；（4）基层设施不足和利用不够并存；（5）人才短缺严重；社会力量参与不足；等等。这些问题如果长期得不到有效解决，

不仅会影响人民群众的基本生活，有违社会主义公平正义的价值取向和本质要求，而且将会对党和政府的公信力及社会凝聚力形成威胁，甚至影响社会稳定。

在新的历史条件和历史方位下，中国将聚焦新的发展——实现"共同富裕"。在共同富裕目标的导向下，如何缩小基本公共服务的区域差异，实现均等化，保障不同地区、阶层、行业、群体、个人的利益，是保证经济高质量发展，实现发展成果由人民共享的迫切需要。

■ 第二节 研究目的和意义

我国经济发展已经由高速增长阶段转向高质量发展阶段，通过更加平衡充分的经济发展，以应对人民日益增长的美好生活需要和不平衡不充分发展之间的矛盾，最终达到共同富裕是党和政府一以贯之的追求。党的十九大报告明确提出，增进民生福祉是发展的根本目的。要坚持在发展中保障和改善民生，完善公共服务体系，保障群众基本生活，不断满足人民日益增长的美好生活需要，不断促进社会公平正义。同时，报告也将"基本公共服务均等化基本实现"作为从 2020 年到 2035 年的发展目标，基本公共服务区域内均等化是实现这一目标的应有之义。

一、有助于不断满足人民群众日益增长的美好生活需要

近年来，地方积极响应国家发展规划，通过省际合作、省内协调等各种方式促进自身经济在产业结构、资源配置、民生发展等方面的均衡发展，地方经济发展差距明显缩小。然而，由于地方资源禀赋、

政策制定、人力资本等多方面存在显著的差异性，地方经济发展差距仍然巨大。如何实现地方经济均衡发展、促进地区之间协调均衡发展，仍然是当前经济发展的重要难题。

我国基础公共服务区域差异仍然存在，基本公共服务均等化也尚有一系列短板，距离党的十九大提出的目标仍有一定差距，尤其是在"幼有所育"和"弱有所扶"方面，将成为"十四五"时期重点攻克的短板。全国各区域之间缩短差异，在完成"从无到有"的基础上，实现"从有到好"高质量发展是下一步工作需要考虑的。新时期社会主要矛盾已经转化为人民日益增长的美好生活需要和不平衡不充分的发展之间的矛盾，基本公共服务工作也应适应这一变化，提升供给的质量与水平。可以预见，未来社会，新技术开发和运用将迎来新爆发，区域基本公共服务的提升必然离不开新技术的应用，如何把5G、大数据、人工智能等技术在基础公共服务领域创新利用，是区域基本公共服务均等化要探索的重要内容。消除基本公共服务的区域差异，推进基本公共服务的均等化，通过构建优质均衡的公共服务体系，落实以人民为中心的发展思想、推动共同富裕，对于不断增强人民群众获得感、幸福感、安全感，具有重要的现实意义。

二、有助于以人为本执政理念的明晰化和具体化

解决区域基本公共服务均等化是从解决人民群众最关心、最直接、最现实的利益问题入手，以均等普惠性、基础可持续性的方式提升人民群众的获得感、公平感、安全感和幸福感的根本路径。改革开放以来，中国经济社会发展成效斐然，区域差异虽在面上缩小，但发展不平衡现象有所凸显。

消除基本公共服务的区域差异，推进基本公共服务的均等化不是一项孤立的公共政策和纯粹的福利行动，也不是一个化解社会矛盾的权宜之计。当前，中国发展的基本理念正在发生重大转变：一是增长

的基本取向由单一的效率至上转向公平与效率并重，使物质财富的增长带来更多的社会公平，惠及全体人民；二是发展的基本取向由片面的经济增长转向经济、社会与自然的协调发展，使经济的发展带来人的全面、自由发展，回归发展的终极价值；三是小康生活的基本取向由主要追求物质指标转变到以和谐为导向，使生活的殷实和富足带来更大程度的社会和谐，提高国民幸福指数。由此看来，逐步实现基本公共服务均等化，不仅是当前的一项重大公共政策，而且还承载着时代变迁的重大使命，是政府以人为本执政理念的明晰化和具体化。[①]

三、有助于推动区域基本公共服务产品均等化、品质化

让发展成果更多更公平惠及人民群众，以人民为中心，综合协调平衡好把"蛋糕"做大和把"蛋糕"分好，做大做强经济的同时借助科学的政策制度，形成人人享有、公平合理的基本公共服务均等化享受格局，才能充分调动各方面的积极性、创造性，更大程度打好经济社会发展的基础。坚守底线思维，在发展中保障和改善民生，尽力而为和量力而行相结合，充分考虑经济发展状况和财政负担能力，优先保障基本公共服务供给，逐步扩大供给范围，有利于推动区域基本公共服务产品不断向均等化、高标准、高品质转变，织密民生保障网。对于促进社会公平正义、增进人民福祉、增强全体人民在共建共享发展中的获得感、提升人民群众的幸福感，高标准全面建成小康社会，实现中华民族伟大复兴的中国梦，都具有十分重要的意义。

四、有助于实现社会主义共同富裕的本质目标

基本公共服务区域渐次均等、普及、普惠。我国的共同富裕必然

---

① 刘尚希，实现消费正义和基本公共服务均等化 [J]，中国机构改革与管理，2011（4）.

经历温饱—小康—高质量的梯度发展过程，这为当前推进区域基本公共服务均等化指明了价值目标和基本遵循。通过既尽力而为又量力而行的区域基本公共服务供给，能实现人人都平等共享发展成果。

基本公共服务区域均等化是实现共同富裕的关键环节。基本公共服务均等化所涵盖的教育、社保、医疗、住房、养老、扶幼等是生活富裕富足、环境宜居宜业、社会和谐和睦、公共服务普及普惠的重要表现。基本公共服务均等化不仅是高质量发展的基础，更是高品质生活的保障，也恰好是共同富裕的结构要素。制度上，基本公共服务区域均等化是政府进行社会财富调控的重要手段，通过政策方式对社会财富进行再分配保障人民的基本生活，这与共同富裕要在坚持和完善社会主义基本经济基础上，构建初次分配、再分配、三次分配协调配套的基础性制度安排相契合。①

■ 第三节　研究思路与研究方法

一、研究思路

区域经济产生差异是一种正常的现象，但基本公共服务是否均等，会带来严重的"公平与效率"问题，可能会造成区域之间的冲突，影响人民生活的质量。当前，基本公共服务体系更加完善，基本公共服务均等化总体实现。城乡基本公共服务供给已经实现基本均衡，城乡居民之间在生活水平和质量上的差距逐渐缩小。但当前基本

---

① 基本公共服务均等化是实现共同富裕的着力点——理论——中国共产党新闻网（people. com. cn）

公共服务均等化程度如何？是否有较大的区域差异？差异程度否会影响人民群众的获得感和幸福感？是否与影响到共同富裕目标的实现？本研究致力于探索、回答这些问题。

本课题按照"提出问题→理论分析→实证研究→策略机制"的一般思路展开对我国基本公共服务区域均等化的研究。

提出问题——通过对研究基本公共服务区域差异与均等化的背景、意义和研究思路、创新之处等进行简要论述。

理论分析——概述基本公共服务区域差异的相关概念和理论基础，界定基本公共服务、区域差异、基本公共服务均等化的内涵，介绍本研究所使用的相关理论基础。围绕基本公共服务均等化的历史演变与关键性问题，从历史脉络上梳理基本公共服务均等化在我国的发展情况，展现基本公共服务均等化与经济社会的相互影响，为后续其他部分研究的开展奠定基础。

实证研究——分析基本公共服务区域差异与均等化：第一，分别从京津冀地区、长三角地区、珠三角地区选取代表性城市分析基本公共服务区域差异与均等化；第二，对我国基本公共服务区域差异与均等化的影响因素进行分析，包括经济发展水平、政策环境因素和人文素质因素等方面的双向影响；第三，对基本公共服务区域差异与均等化的实践探索与案例进行分析。选取较有代表性的上海、广州、成都和武汉等城市，根据这些城市在基本公共服务均等化方面的实践做法，介绍具体的实践与创新模式，探索其经验教训，以供验证研究结论的可靠性。

策略机制——在理论分析和实证研究的基础上，探究基本公共服务区域均等化的策略与实现机制。立足中国实际，保证对策建议的可用性和针对性。

二、研究方法

本研究采取了规范分析方法与实证分析方法相结合的研究方法。

规范性分析主要通过文献分析基本公共服务区域差异与均等化的应然状态，梳理基本公共服务均等化的历史演变；实证分析则从基本公共服务区域差异与均等化的实然状态出发，描述了基本公共服务区域差异与均等化的实际面目。具体来说，主要有文献研究、比较分析法以及实证研究法。

（1）文献研究法。包括采文献回顾和政策文本分析方法。本研究围绕研究主题，一方面，收集相关的学术文献，包括相关的著作、论文、调查报告、博硕论文等资料整理与"基本公共服务区域均等化"相关的同行观点和建议；另一方面，全面收集整理各代表性区域地方政府出台的相关政策文件、政府工作报告、实践做法，对相关政策文本进行分析，全面、准确地掌握这一领域所探讨的主要论题及其研究进展，对搜集的数据和信息进行提炼和总结归纳，全面把握当前基本公共服务区域均等化的现状和困境。

（2）比较分析法。一方面通过对京津冀地区、长三角地区、珠三角地区、中东部地区和东北地区基本公共服务区域均等化实际情况进行比较分析；另一方面收集整理行业服务数据，包括教育、医疗、体育、扶幼、残疾人事业等公共服务领域的服务数据，得出基本公共服务均等化的区域差异。

（3）实证研究法。通过资料调阅、结构化访谈、档案、案例等方法，对我国基本公共服务均等化的历史演进进行归纳分析。

第四节　研究难点与创新之处

一、研究难点

本研究从京津冀地区、长三角地区、珠三角地区、中东部地区、东北地区选取代表性城市分析基本公共服务区域差异与均等化，力求从整体上把握我国基本公共服务区域差异的现状。但在收集数据过程中，某些区域数据获取较难，会出现某些指标信息不全面、数据不完整、数据遗漏等情况。笔者力求通过实证分析、案例分析来丰富研究内容，使结论更具科学性和现实意义，但是所需的资料和数据收集是一大难点。

本研究对我国基本公共服务区域差异与均等化影响因素分析，主要从经济发展水平、政策环境因素和人文素质因素等方面分析区域差异与基本公共服务均等化之间的双向影响，为基本公共服务区域均等化的策略与实现机制探究指明方向。但是如何从宏观上探究经济发展水平、政策环境、人文因素对基本公共服务区域差异与均等化的影响，从微观上分析这几个因素与区域差异和基本公共服务均化之间的内在逻辑性和双向影响性是本书研究的一大难点。

二、研究的创新点

本研究以缩小基本功服务区域差异，满足人民群众日益增长的美好生活需要，促进以人为本执政理念的明晰化和具体化，推动区域基本公共服务产品均等化、品质化，实现社会主义共同富裕为目标。基于区域差异化理论和公共服务理论的分析框架，以公平理论和福利经济理论为价值理念，查找具有代表性的最新资料，借助统计软件分析各区域的基本公共服务均等化的相关数据，选取具有代表性的城市，探讨我国在基本公共服务均等化领域的具体实践，最后对基本公共服务区域均等化的策略与实现机制进行系统探究。主要的创新在于以下几个方面。

（1）本研究全面梳理了基本公共服务均等化的历史演进，为创新基本公共服务均等化奠定了理论基础。本研究在区域差异理论和公共服务理论为分析框架下，以公平理论和福利经济理论为价值理念，系统回顾和总结了新中国成立后我国基本公共服务均等化的历史演进历程。

（2）选取具有代表性的城市作为区域案例，探索其经验教训，使研究结论更具可靠性。基本公共服务均等化问题是实现共同富裕必须解决的问题，是我国政界、学术界重点关注和研究领域，但是目前我国学者对基本公共服务的研究主要集中在"基本公共服务均等化"方面，而对"基本公共服务区域差异"的研究较为薄弱。

（3）突出大数据、人工智能等新技术在实现区域基本功服务均等化中的作用，创新了基本公共服务均等化的实现路径。新媒体的出现已经使我们的社会发展了翻天覆地的变化，在可预见的未来，新技术的开发和应用将带来新的高潮，区域基本公共服务均等化的提升必然离不开新技术的应用，如何把握时代契机，把人工智能、5G、大数据等技术在基础公共服务领域内应用和创新，是实现区域基本公共服务均等化需要探讨和思考的。本研究在路径探索中，跳出传统基本公共服务供给途径，依托互联网、5G、大数据、人工智能等新技术，探求区域基本公共服务均等化的实现路径。

第二章

基本公共服务区域差异与均等化概述

第一节　基本公共服务均等化
　　　　与区域差异性的内涵

一、基本公共服务均等化的相关概念

（一）基本公共服务

　　根据文献梳理发现，学者们对公共服务的内涵有较多角度的界定。从供需视角来看，安体富（2007）等学者指出，公共服务属于社会公共物品的一部分，是指不用实体形态而注重于以服务供给活动的方式解决人们在特定方面之需求的社会公共物品，其内涵既包含政府部门通过直接向社会提供劳务的途径为社会公共需求传递的公共服务配套产品，又包含在不同区域内的地方政府通过财政支出的形式向市民提供社会生活所必需的如教育资源、健康、文化教育、社会保险和生态环境等方面的服务。胡祖才（2010）指出，基本公共服务是指政府以行政府职能为主要责任，基于社会经济发展的阶段和生产力发展水平，以保障合法存在权和经济发展权为目的，向社会提供最适合社会发展所需的基础性的公共服务。

从制度经济学视角来看，刘德吉（2013）把公共服务界定为三类：第一类是维护性或政权性质的公共服务，涉及制定法律、司法、行政管理、外交事务、国防等。此类公共服务要么具有纯公共产品的特点，在政府提供下，全民都享有均等消费机会；要么与居民利益间接相关，导致居民对其敏感度不高，因而此类公共服务在基本公共服务均等化过程中置于次要地位。第二类为社会性服务，涉及就业机会、公众教育事业、大众医疗行业和社会保障服务等。此类公共服务具有公民权利性质，对个人利益有着直接的影响作用，因此居民对其敏感度较高，其运行的过程与结果与社会经济的协调发展有着密切关系，因此应将这类作为基本公共服务均等化考虑的重点，优先置于关注之列。第三类为经济效应服务，涉及社会生活资料的产出、经济生活和利于福利性社会事业发展的基础建设，如水、煤、电、邮电、通信、环境保护等此类公共服务具有典型的规模经济和自然垄断性特性，关系到经济发展和居民生活，但不同地区的供给成本差异性较为显著，在公共服务的量与质上差距明显。

按照公众的需求范围与需要的程度不同，可以把公共服务分为基础公共服务和其他公共服务。但对到底哪些服务应划入基本公共服务的范畴，学者们的认识还有较多差异。大部分研究者强调：同人民生活密切相关的教育、公共健康、社会保障、公共安全、基础生活设施、环境、大众文化教育等都应当视为基础公共服务；并建议将教育、公众医疗保健和与贫困人群所维持基本生存息息相关的基本生活保障物品纳入均等化的优先考量之列。而中国社会学研究者吴忠民（2008）则把民生划分为广义民生和狭义民生两类，并指出：前者是指凡是同人民生活密切相关的事件，包括了直接联系和间接相关的内容，是涵盖了政治、经济、社会生活、人文文化等的广泛范畴；后者主要从经济社会生活层次出发，大致上是指国民的基本生存和生活状态与国民的基本发展机遇、基本经济社会发展能力以及基本权利问题，其包含了由从低至高、呈一种递进态势的三种层次上的内容：一是国民基本生计状态的底线，包含基本社会救助、最低生存保证、基本社会保障、义务教育阶段、基本公共卫生、基本社会保险等；二是国民的基本发展机遇与能力，包含实现充分就职、开展基础的职业能力培训，减少歧视问题、建立具有公正合法性的社会层次流动路径，和与此相应的基础性社会权益的保障问题（如劳动权、财产权、社会事务参与权）。

总之，基本公共服务包含三层含义。首先，基本公共服务是所有公共服务中最具基础性、最核心的组成部分，同广大群众利益最关注、最直接、最实际的一切权益密切相关；其次，基本公共服务是政府部门职能的"底线"，终极权责由政府部门负责；最后，基本公共服务的范畴和准则是动态的，但随着经济社会发展水平和政府部门保障能力的增强，其范围也将逐步增加，其服务的标准应不断调整。

（二）基本公共服务均等化

基本公共服务均等化的概念最早可追溯到英国学者布朗和杰克逊（C. V. Brown & P. M. Jackson，1978）所提出的"基本公共服务最低公平"。他们主张，基本公共服务的供给特质应该包括多元化、等价性、集中再分配、位置中性、集中稳定、溢出效应纠正、基本公共服务的最低价格供应、社会财政地位平等等基本原则。[①]

学者常修泽（2007）强调，基本公共服务均等化拒绝平均化和无差别，核心内容是制造机遇和成效的普及，虽在内容上可以一致，但人们在其中的获得感与幸福感有所提升。他认为基本公共服务均等化的内涵有三个方面：一是基本公共服务的机会，人人享有；二是所有普通群众获得相当的基本公共服务的成效；三是因地制宜均等地提供符合地区范围内居民自由选择结果下真正所需的基本公共服务。而

---

① 豆建民，刘欣. 中国区域之间基本公共服务水平收敛性的实证研究［M］. 上海：上海人民出版社，2018：33.

中国（海南）改革发展研究院（2008）则指出，基本公共服务均等化不是平均主义，是自然产生的；基本公共服务均等化可视为"雪中送炭"而不能成为"锦上添花"，即真正做到提高人民幸福感与获得感，从而增强安全感，需对弱势阶层需加以更多关注，补其真正所需；可以从一种动态和变化的流程审视。

从均等化的基本标准和内容出发，贾康（2006）指出，人民政府首先具有托一个底的功能，人民政府应该供给的基本公共服务涵盖了如普及义务教育、开展社会救助工作和基本社会保障制度等范畴，应该确保最低限度的公共服务供给。唐钧（2008）指出："均等化"就是要把基本公共服务差距控制在经济社会发展水平与当下经济状况可以承受的范围以内并逐渐缩小差距，这一阶段基本公共服务均化，以社会最低标准的角度来实施，并满足了社会最低标准的基本公共服务。项继权、袁方成（2008）认为，基本公共服务的均等化正在财富收入差距日益加大的社会中保障着一种底线性的公平，是以基本生活线为最低水平，最大化实现人们在社会中的起点公平和机会的平等享有。丁元竹（2009）提出，基本公共服务是由中央政府通过相关的标准（设施标准、设备标准、人员配备标准、日常运行费用标准），确定地方政府在职责上与财政上具备有均等提供服务的能力，以更好保障每个公民不受城乡区别与环境的干扰而得到基本公共服务。[①]

综上所述，基本公共服务均等化保障公民的机会均等、服务结果大体一致，兼具自由选择权；将差距与差异控制在社会发展能力范围内以享有结果公平实现；更要关注出于基本生活水平底线的人群，人与人之间所享受到的基本公共服务的均等化目标下的实现过程中由政府为其提供保障。在我国，即是实现基本公共服务中每人享有均等的

---

① 郭光磊. 北京市城乡基本公共服务均等化研究 [M]. 北京：中国言实出版社，2016：53 – 54.

最终关怀。

二、基本公共服务区域差异的概念及表现

区域是对地方的一个抽象集合表达，是一个有限的经济体，具有地理因子。区域差异的产生源于当地具有的自然资源、社会资源、人力资源，它们在系统的运作中产生了必要的投入，由于地区间所具有的自然资源差距、社会资源差异、人力资源能力的不同，对社会产生的效果之间出现了不同的发展情况，也就出现了区域差异。

福利中最基本的构成为基本公共服务，基本公共服务成为聚集人才的重要途径，在经济的快速发展中，新产业的发展对基本公共服务提出更高的要求。在早期经济发展条件下，人们的消费结构比较单一，其底层级的需求对早期的基本公共服务需求期望值较小，随着社会进步下的居民消费结构变得更加丰富之后，出现越来越多的较高层级的需求，对福利水平的消费项目提出了更全面的要求和更高的期望。因此，当下的社会发展所需要的持续性、均衡性和协调性对基本公共服务水平有更高的要求。在这种背景下，区域差异研究的重点关怀是保障每个人的福利的实现，关注更多的是在不同区域特征下人民公平享有的福利水平的状况。所以区域差异的本质应体现为人均福利水平的差异，地区经济发展中经济增长差异尽管没有全部完全维持在一个相对均衡的水准，但人均福利水平程度却可以趋向于均等。①

三、基本公共服务区域均等化的内涵与意义

均等是理解区域基本公共服务均等化的关键。"均等"内涵有：均衡、调节、而在平衡的过程，从而最后达到相等。有两种解释均等

---

① 孔薇. 中国基本公共服务供给区域差异研究 [D]. 长春：吉林大学，2019.

一词，其一为服务机会的均等，即公共服务的机会保证到每一位居民，例如每一位居民能够平等地获得受教育的权利。其二是结果的均等，强调了公共服务的客体在数量与质量上的大体相等。其含义不同于市场由于竞争而强调的机会均等，而更偏向于福利经济学强调的结果均等。

区域基本公共服务均等化可以以下角度理解：从国家角度来看，政府对基本的公共服务应有最低标准作为底托，在由政府部门提供如诸如普及义务教育、实施社会救助与基本社会保障供应中，均等化指向在最低限度标准下由政府部门肩托起来的，向所有居民提供底线生活需求的基本公共服务的供给程度。区域基本公共服务的差距并非短时间内迅速能完成的，其实现区域基本公共服务均等化需要长久的投入与漫长的时间。首先达到低水平的保底，并在经济发展水平、财力水平以及行政能力提高的基础上，再达到中等水平，循序渐进，最后实现结果均等才是比较可行的办法。地方政府在此期间需保持整体的可持续性与平衡性，从效率出发，考虑到全盘的发展，使其他方面的发展齐头并进；从概念出发，均等化不等于完全的均等。另外，区域基本公共服务均等化是指不同区域的每个公民享有服务的权利是相同的，但其内容可以是丰富且多层次的，即全体居民可以共同享有，不同群体的不同需要也能被满足，意味着并不是每个居民选择的公共服务是相同的和无差异的；从发展的差异看，鼓励具有示范效应的基本公共服务。而在发达地区，提供更高水平的基本公共服务作为示范效应更能够助推其他区域的基本公共服务的借鉴与提升以缩小地区间差异，从而达到提升全国整体基本公共服务水平的目的。

由于市场经济的发展所造成的不同区域间的发展差距成为刺激各地区积极借鉴与发展的推动力，在不同的区域之内，经济发展水平、居民收入水平、物价水平等方面悬殊较大差距与不同，且存在着不同的居民人口结构、消费结构、消费偏好等区别，如果对区域的基本公共服务进行"一刀切"式的提供，使其又倒退回到了计划经济模式的老路不利于社会的全面可持续的发展。

　　基本公共服务区域均等化的意义在于缓解区域发展差距。区域差距与区域基本公共服务差距的互动产生互惠的影响。区域的自然地理条件差距所导致的区域间经济发展的差距必然出现基本公共服务供给能力与质量上的差距，在除去转移支付的条件下，从长远看由于人力资源的分布差距导致不同地区间发展潜力的差距日益加大，加速了发达地区的发展与落后地区的持续落后，从而形成"强者越强而弱者越弱"的马太效应。这从侧面强调了区域基本公共服务的差距是长期形成的，其实现区域基本公共服务均等化也需要漫长过程，在当前经济社会所处的阶段，因地制宜制定长远目标和近期目标以循序渐进对我国在保障民生方面具有重要意义。

第二节　基本公共服务均等化与区域差异性的相关理论

一、公共服务理论

（一）公共服务理论的形成

　　自 20 世纪 80 年代之后，丹哈特夫妇基于"新公共管理"理论的批判与反思，尤其是针对奥斯本提出的"企业家政府"理论的内在缺陷，提出了"新公共服务"理论。从理论渊源看，公共服务理论继承了美国现代行政学者内德怀特·沃尔多（1948）关于现代官僚政府理论的贡献，以及谢登·沃林（1960）政治理论方面的研究，但对其产生直接影响的是社区和市民社会理论、公民权理论以及组织人本主义理论。

桑德尔（1996）认为，政府的存在只是为了保证公民能够有选择的权利通过某种程序（如投票程序等），来确保自身私利的实现，从而保证公民个人权利的实现。在公民个人权利发展的视角下，公民个人会逐渐超越自身私利而更加积极地参与政治治理过程，而政府官员作为公共管理者也必须营造更有效的回应机制，提高公民对政府的信任。从组织人本主义理论看，20世纪六七十年代以来的公共行政主义者开始关注公共组织内部员工以及外部人员（主要包括公民和委托人等）的需求，试图重塑公共性行政组织并使其更少地受到权威的控制和支配，他们着力恢复传统公共行政组织活力、重建公共行政领域的活力、促进公众与公共组织的对话。

（二）公共服务理论的内容

在"新公共管理运动"的反省与沉淀中，现代公共管理的民主范式逐渐凸显其价值。罗伯特·B.丹哈特、珍妮特·V.丹哈特夫妇的《新公共服务：服务而非掌舵》提出了政府应更具人本价值取向的公共服务管理模式，主张在以公民为中心的治理系统中政府更需要"划桨"而不是"掌舵"，倡导在公共管理改革中坚持参与式的国家模式，强调要充分维护的公民自由权，重视非政府组织、第三部门在公共管理中的作用。具体包括以下内容：政府是"服务"而非"掌舵"：政府的越来越重要并且清晰的职责在于帮助公民表达其意愿进而实现他们的共同利益，而非试图尝试在新的方向上控制或驾驭整个社会。公共利益是目标：在新公共服务理论下，政府的职责也不仅仅是关注市场，政府要更多地关注社会价值观、公民利益、政治行为准则以及职业标准，增进公共利益。民主行动：在新公共服务理论下，政府要着力制定符合公共需求的政策，并通过倡导集体协作保证政策最有效的实施。服务公民而不是服务顾客：在新公共服务理论的分析框架里，公务人员的职责不仅仅是回应顾客的需要，更重要的是建设与维护政府与公民、公民与公民的相互信任、共同合作关系，致力于树立一种基于共享的、集体主义的公共利益的价值观念，努力创造共享的利益与责任机制。责任并非单一：除了关注市场，政府要更多地关注社会价值观、公民利益、政治行为准则以及职业标准，增进公共利益，努力建设回应性的、完整性的责任政府。

（三）公共服务理论的指导

公共服务理论认为，政府的越来越重要并且清晰的职责在于帮助公民表达其意愿进而实现他们的共同利益，而不是试图尝试在新的方向上控制或驾驭整个社会。在公共服务理论的分析框架里，公务人员的职责不仅仅是回应顾客的需要，更重要的是建设与维护政府与公民、公民与公民的相互信任、共同合作关系，致力于树立一种基于共享的、集体主义的公共利益的价值观念，努力创造共享的利益与责任机制；而政府的职责也不仅仅是关注市场，政府要更多地关注社会价值观、公民利益、政治行为准则以及职业标准，增进公共利益。公共服务作为政府管理领域研究的重点内容，倡导实现城乡公共服务均等化是实现我国政府职能实质上转变的客观标志之一。一方面，在政府逐渐由传统的"经济建设型"向"公共服务型"转型的过程中，我国财政政策也逐渐偏向"公共财政"的投入方向，进一步加大对公共服务的投入力度，以满足不断增强的区域公共服务需求；另一方面，我国社会转型过程中各种社会结构、利益主体重构，导致社会公平、利益差距问题更加严重，区域公共服务非均等化矛盾突出，亟须新公共服务理论下的政府管理创新。在公共服务理论的指导下，我国政府部门要注重"以人为本"的服务理念，在区域公共服务领域中要更加注意人本主义关怀，努力改善当前区域之间基本公共服务供给不均衡、欠发达地区基本公共服务短缺的现实状态，加大对欠发达地区基本公共服务的扶持力度，在区域公共服务资源配置、供给方式、多元协调和共享等方面提供一体化的公共服务，使得欠发达地区居民获得与城市居民同等同质化的基本公共服务，从而保证城乡居民真正享受到我国社会发展、物质极大丰富所带来的基本公共服务满足，实现城乡居民自由发展的平等权利。

二、基本公共服务均等化理论

（一）基本公共服务均等化理论形成

改革开放以来，各区域的经济社会持有的发展机遇与机会的不同，在随后的十几年中，城市间与乡镇间发展的速度与质量逐渐拉大，既体现在各城市间的经济收入差距由东到西的逐级递减趋势，也体现在不同地区所承担的基本公共服务的供给质量中，由此我国一致坚持的"效率优先、兼顾公平"的守则面临不同区域内各个方面发展程度不均等现象的挑战，在 2003 年党的十六届三中全会中提出的"科学发展观"的基本理念指导与统筹指导下，2005 年 10 月 11 日党的第十六届五中全会通过的《中共中央关于制定"十一五"规划的建议》，为我国经济社会的持续发展提出了一个中长期目标，关于基本公共服务均等化的理论随即被众多学者挖掘与探索。

对财政体制改革的思路探究，加速了基本公共服务均等化理论的形成，从再分配原则中的转移支付办法探索实现均等化的目标，需从建设性财政转向民生型财政，促进地区间的人口平等地享有公共服务的机会与结果；在加快建设服务型政府的过程中，避免加剧地区间人口流动因素因区域间所提供的公共资源的差距而向发达地区集中，从而造成欠发达地区缺少以人才为主力而难以进行合理有效的资源开发的状况，缓解地区发展间不均等的矛盾，预防全社会经济发展的不可持续性与不平衡性的危机的出现，这些助推了基本公共服务均等化理论的形成与发展。

（二）基本公共服务均等化理论内容

基本公共服务均等化的内容是从公共服务一词的内涵中扩伸出来，是对政府提供公共服务标准上的约束与规范，从横向上考虑到了供给公共服务过程中地区范围内所能提供的最低线性的符合基本生活保障的基本水平，保证及时性地向贫困与偏远地区提供大致相同、结果均等的公共服务，使人们不会出现因地区经济社会发展差距而享有不均等的社会经济发展成果与机遇；在纵向上为各地区间提供发展机会与机遇大致均等的公共服务，如义务教育与就业指导等服务。从总体上看来，普惠性、基本权益性、公平性与正义性是其特征，在政府制定的政策与本职工作的保障下进行的促进地区间整体的发展，能够拥有长远的可持续发展与协调性发展。

我国在现阶段所实行的基本公共服务均等化的内容相对于公共服务而言，范围更加注重弱势群体享有的基本公共服务的权益与机会，从而更加侧重于向全社会提供具有义务性质的教育、公共卫生与具有医疗保障的救助机构和公共文化等具有公益性质的服务，且在质量的标准制定上以社会发展阶段与经济水平的实力为基础，以量力而行为准则，推动社会发展机会公平与享受结果公平的广泛实现。

（三）基本公共服务均等化理论指导

在基本公共服务均等化理论的指导下，我国建立健全了惠民益民的政策措施。

在财政制度方面，转变了曾经以经济建设为主要任务的财政制度，在注重效率的发展中以再分配更加公平的方式，加大对基本公共服务的投入，保障居民最低生活水平与质量，通过财政转移支付等方式逐步实现先富带动后富的步骤、并缩小发达地区与欠发达地区间的差距，在就业指导、医疗卫生与义务服务等方面保证财力持续投入，维护社会运行秩序所需基础配套设施与发展建设。

在统筹城乡发展水平方面，基本公共服务均等化从便民利民的角度出发，站在生活在城市中最低生活保障线与山村偏远地区的角度，切实地考虑到公共服务需要在居民可能够及的能力上进行供给，从而提供居民真正所需的公共服务，满足最基本的需求，进而在一定程度上缩小城乡发展差距，保证了全体居民公平享有公共服务的待遇与权利。

在政府的转型方面，服务型政府强调"以人为本"，以"水能载舟，亦能覆舟"的辩证思维看待政府与社会之间的关系，以"为人民服务"作为基本职责，在不断发展的经济社会中更加强调服务型政府的塑造。只有政府的"定位"明确，才能有效地对基本的公共服务能力与质量进行把关与托底。均等化的意义在此是保证在发挥市场运行效率的机制下，保障社会的公平与正义，时刻从老百姓的日常生活所需与对生活在基层的人们的基本人文关怀出发，建立完善的政策群与政策链，以保障基本公共服务的均等化，促进社会和谐发展。

三、均衡发展理论

（一）均衡发展理论的形成

均衡发展理论最早强调的是农村与城市、农业和工业的均衡发展。20世纪40年代，罗森斯坦—罗丹提出"平衡增长"理论，其中强调在国民生产过程中的各个部门要获得相同的投资资金发展机会以更好地协同发展。1953年，美国经济学家纳克斯出版了《不发达国家的资本形成》，指出"贫困恶性循环"阻碍了社会整体的发展动力与发展的可持续性。1964年拉尼斯和费景汉的《劳动剩余经济的发展》提出，应使城乡二元结构的发展状况走向一元，工人与农民的平衡发展机遇与机会是打破二元结构的关键。

均衡发展理论最初是对国家发展中的各行业之间缩小发展间隙而

创造出互补型市场以克服贫困的恶性循环，从市场的角度出发，相对互补的产业能够互相扶持以应对更加严峻的挑战，比"孤军"更具有生存能力，以巩固社会整体的经济运行秩序与社会形势；后延伸到在社会从农业向工业的转型中，强调农业的迅速增长对促进工业具有先决的发展性基础条件，从二元结构转向一元结构的重点在于农业与工业的平衡发展；其提出的对国民各部门的均衡指导与投入从而促进各行业协调发展，有利于打破发展中国家面临的长期的经济停滞和贫困的困境。

（二）均衡发展理论的内容

从词缘学解释出发，"均"有反映数量的意思，具有"均匀"与"均等"的含义；"衡"有平衡之意，例如秤杆或者杠杆之类的法制含义。均衡发展可理解为系统内的不同事物在某种状态下达到协调统一、比例适度且稳定有序地发展，达到某种稳定的状态。

从古典区域均衡发展理论出发理解，均衡发展理论建立在以促进地区间劳动力和资本的流动目的上，并改善信息在区域间流动的状态与条件，拆除行政方面的障碍与市场进入的壁垒，促进地区间经济增长与发展趋向均衡的状态。地理位置与自然条件的差异难以消除地区间发展的差距，为克服这种空间状态，必然利用分布在不同的区域和区位中的经济活动中的经济主体之间发生的经济联系与相互作用，对外部形成积极效应或者采取手段控制消极的效应。这也是国家实施区域经济政策干预市场作用的原因之一。

（三）均衡发展理论的指导

均衡发展理论对打破发展中国家面临的长期的经济停滞和贫困的困境具有重要指导作用。通过社会中各部门所具有的平等公正的发展机会与机遇，能够有效地使各个重要的生产要素在一段时间内齐头并进，在公平的基础上以最大的效率发挥出社会生产生活各要素的功率，就如木桶一样，在每个木头的长短大致相同情况下节约木条，且盛得最大量的水。

均衡发展理论为我国的社会发展提供重要的原则，保证社会中的绝大部分人在公平的条件下普遍得到受益的机会与条件。同时使社会发展兼具稳定与整合，有利于合理调整出社会的中心部分与边缘部分的有机互动，互为互补，在团结的良好氛围中实现稳定，利于保持社会的长治久安。

四、公共经济学理论

（一）公共经济学理论的形成

公共经济学理论源起于 20 世纪 50 年代中期之后，在此之前被称为公共经济学或者公共部门经济学，并非经济学理论中一个独立的分支学科。20 世纪 50 年代末期，开始从由亚当·斯密提出的古典经济学基础上发展起来的现代财政学理论体系中脱离出来。《财政学原理：公共经济研究》对其概念进行了文辞上的解释，从而逐渐成为经济学分支中的一支。在关于公共经济学的研究方向，经济学家斯蒂格利茨提出以下三个问题属于公共经济学研究的类型：其一为在运行机制复杂中的公共部门和政府部门中，应该如何划清属于政府职责内的事务以及政府在其财政上的支付数量；其二为在预见政府制定政策后所出现的后果，并对其后果作出成果判断；其三为建立评价标准以规范政府下的公共经济组织的行为。

（二）公共经济学理论的内容

"公共经济学"一词联系着政府与市场两者，是两者在运行过程中不断协调的产物，探讨如何发挥市场的效率且在政府保证的公平公正的条件下促进社会有秩序发展，丰富了公共经济学的内容，即在市场条件下，政府运用公共经济学合理地进行宏观调控以保证国民经济的健康，在公共领域中维护政府的公信力。

公共经济学是一个价值判断，含义是建立一定的标准以评论和估判在政府领导下的影响社会经济活动的资源分配办法，其倡导的价值取向和标准是发展与完善社会保障与公众福利。

（三）公共经济学理论的指导

公共经济学平衡着政府部门与市场的分工与协作关系，牵涉公共部门与私人部门之间的联系与相互制衡的平衡点，从"看不见的手"出发，发现市场不能解决的问题，在政府这只"看得见的手"对社会发展无能为力的情况下进行合理的干预，利于弥补市场在良心上的缺位，向社会提供更具有人为关怀的物品，使个人在社会的发展中更具有公平与公正性。

公共经济学填补了中国经济体制在转轨中的理论需要。我国从计划经济体制向现代市场经济体制的转型过程中政府角色的定义面临巨大挑战，政府所能够干涉市场运行的范围与程度等问题凸显。公共经济学理论有利于在市场条件下对政府的干预行为进行指导，结合具体的实际情况，解决中国经济体制在转型中的具体问题，促进我国政府公共政策指依循科学发展观的指导。

基本公共服务均等化的历史演进

受不同历史时期经济体制转型、经济社会发展水平、发展理念等诸因素的影响，我国的区域基本公共服务均等化在不同的历史阶段上呈现出不同的特征。新中国成立前由于中国特殊的国情，基本公共服务的整体水平是极低的，甚至诸多领域是空白的。新中国成立后，这种状况得到明显改善，基本公共服务的覆盖领域和范围开始逐渐扩大，整体水平得到提升。根据基本公共服务在不同历史时期的演进状况，具体将其划分为 1949~1977 年政府供给阶段、1978~2002 年混合供给阶段、2003 年至今综合供给阶段三个阶段。

第一节 基本公共服务的政府供给阶段

在客观社会状况和计划经济体制的影响下，这一时期的基本公共服务主要是由政府主导、政府供给，无市场和第三方主体参与。在政府主导和供给下，失业救济制度、教育制度、住房制度等民生领域的空白局面开始扭转，基本公共服务事业得到发展。

一、失业救济制度

据统计资料显示，1949~1952 年，这几年中国城镇失业平均人口达到了 422.25 万人。失业人口数量庞大，严重影响了社会和谐和发展。为了有效解决失业问题，促进社会稳定，党和政府采取一系列措施。

1950 年 6 月，政务院颁布了《关于救济失业工人的指示》和《救济失业工人暂行办法》。不仅对恢复工商业做出若干规定，还在全国范围内开展救济失业工人的运动，为救济失业工人筹备专项基金。除此之外，中央政府坚持贯彻工人生产自救与政府救助相结合、促进就业与救济失业相结合的基本理念，建立了专门的失业工人管理机构，设立了失业工人救济委员会和劳动介绍所，为有效解决严重的失业问题提供了制度保障和有效途径。针对新出现的失业人员，政务院于 1952 年 8 月 1 日颁布了《政务院关于劳动就业的规定》，力求满足人民群众的现实需要，妥善解决工人失业和救济问题，有计划地将城乡剩余劳动力转移到社会生产事业中，迎接即将开始的大规模国家建设。

二、教育制度

1949 年 12 月，召开了新中国成立后的第一次全国教育工作会议，会议根据《中国人民政治协商会议共同纲领》的要求，确定了当时中国教育工作的方针，1951 年 10 月政务院发布了《关于改革学制的决定》，对我国幼儿教育、初等教育等、高等教育重新规定学制。

1952 年 3 月，教育部颁布了《小学暂行规程（草案）》和《中学暂行规程（草案）》建立了中小学课程体系和教学大纲。1954 年全国人大一届一次会议通过《中华人民共和国宪法》，第一次以国家根本大法的形式规定了公民的受教育权，全体公民的受教育权有了坚实的法律保障。

1977 年 10 月，经过中央政治局会议讨论，国务院下发文件，宣布 1977 年恢复高考制度。

三、医疗卫生事业

为了促进我国医疗卫生事业的发展，1950 年 8 月第一届全国卫生工作会议召开，提出要坚持"面向工农兵""预防为主""中西医结合"的方针。随后政府在全国各地成立卫生局和医疗卫生机构，开展慢性病和传染病的预防和救治工作，建立起包含食品卫生、劳动职业卫生、环境卫生、学校卫生、放射卫生为核心的公共卫生体系。1952 年在全国范围内开展爱国卫生运动取得较大成绩，粉碎了美帝国主义对我国实行的细菌战，保障了我国人民的身体健康，也加速了我国医疗卫生事业的发展。由于朝鲜战争仍在进行，对中国和朝鲜的细菌战仍在继续，为了保证我国国家建设的顺利进行，保障人民群众的身体健康，1952 年政务院发布了《关于一九五三年继续开展爱国卫生运动的指示》，对继续加强反细菌战的具体措施作出了具体安排，并将各级领导爱国卫生运动机构统称为爱国卫生运动委员会，随后反细菌战和爱国卫生运动在全国范围内广泛开展起来。

1956 年，中国医学科学院成立，这是当时中国唯一的国家级医学科学学术中心和医学科研机构，标志着中国的医疗卫生事业取得实质性进展。1963 年卫生部颁布了《预防接种工作实施办法》，逐步开展卡介苗、百白破混合制剂量和麻疹疫苗等多种疫苗的接种工作，中国的预防接种逐步进入计划接种时代。

四、保障性住房制度

住有所居是人民的基本需求之一。1953～1956 年，中国初步建立起了保障性住房制度。1956 年，国务院颁布了《关于目前城市私有房产基本情况及进行社会主义改造的意见》，提出应该按照党对资本主义工商业的社会主义改造形式来完成对城市房屋私人占有的社会主义改造，可通过国家经租、公私合营等方式对城市私有房屋进行改造，将城市土地变为公有制，确定城市房产的社会主义公有制性质。

1949～1978年，受经济发展水平的影响，商品房在我国还未出现，也不存在房地产市场，城镇住房更多是作为职工的福利而存在，由国家财政统一拨款修建，由单位按照行政级别或职位高低进行统一分配，收取少量租金，且租金标准全国统一。由政府进行建设和分配，在一定程度上满足了住房需求，但是也逐渐暴露出种种弊端。由于各地区资源禀赋不同、区域经济发展存在差异、单位经济效益不同、住房支出加大财政负担等原因，导致住房建设难以为继，住房在基础设施建设投入中比重较小，难以满足人民住房需求导致我国住房供需矛盾突出。

■ 第二节 基本公共服务的混合供给阶段

这一时期城镇基本公共服务体制的变迁主要是适应经济体制改革的新要求，基本公共服务改革的趋势也是市场化和社会化。通过市场化和社会化改革基本公共服务供给的规模、效率和质量都有明显提高，广大民众对基本公共服务的多样化需求的满足程度也逐步得到了提高。但基本公共服务供给领域采用的"简政放权""鼓励创收"等类似国有企业改革的激励措施①，导致政府基本公共服务供给职能发生偏向甚至异化，埋下了隐患。

---

① 伏玉林. 事业单位改革：公共服务提供与生产的民营化 [J]. 学术月刊，2007（1）.

一、失业保险制度的改革

20 世纪 80 年代我国建立了失业保险制度。1986 年 12 月 7 日颁布了《国营企业职工待业保险暂行规定》针对我国新时期经济社会发展的需要，对我国的失业保险制度提出了基本政策框架，在职工待业保险基金的统筹和管理、保险基金来源、保险基金的使用、管理机构等方面做出了具体安排，标志着失业保险制度在我国正式建立和实施。

1993 年 4 月，《国有企业职工待业保险规定》发布要求企业缴纳失业保险费用的基数在原有的基数上进一步扩大。1999 年颁布了《失业保险条例》，我国的失业救济和保险事业工作得到了较快发展，参保人数迅速增加，净增 3717 万人，让 2500 多万失业人员享受到了失业保险待遇。

2001 年以后，国有企业实行下岗与失业并轨政策，此后的国有企业不再产生下岗人员，被国有企业清退的员工按照失业人员对待，享受失业人员相关待遇。

二、中国教育事业的改革

这一时期，中国教育资源的供给主要是政府主导，引导社会参与，多渠道筹集教育资金。1982 年《中华人民共和国宪法》是第一次以国家根本大法的形式确定在全国范围内普及初等义务教育；1985 年，《中共中央关于教育体制改革的决定》，明确了教育体制改革的根本目标，提出地方要承担发展基础教育的责任，有步骤地实施九年制义务教育，大力发展职业技术教育，改革高等教育招生计划，动员全社会支持和参与教育体制改革。

1986 年 4 月出台《中华人民共和国义务教育法》，明确规定了我国实行九年制义务教育，强调义务教育是国家必须给予保障的公益性失业，推出了"两免一补"政策，义务教育阶段不收取学费、杂费，并且为贫困地区寄宿生提供生活补助，保障贫困地区青少年儿童不因贫困失学。

1993 年，《中国教育改革和发展纲要》提出教育发展的目标和指导方针，在教育经费方面，实行财政投入为主，多渠道筹集教育经费体制。1995 年《中共中央国务院关于加速科学技术进步的决定》，首次提出在全国实施"科教兴国"的战略。"科教兴国"全面落实科学技术是第一生产力的思想，提出要将科学和技术摆在国家发展全局的重要位置，让经济发展更多依靠科技进步和劳动者素质的提高。

1999 年发布和实施的《关于深化教育改革全面推进素质教育的决定》，将德、智、体、美、劳有机地统一于教育活动的各个环节中，全方面深化教育体制改善，为素质教育的实现创造条件，努力采取措施，加大教育经费投入，确保教育经费投入逐年增长。

三、医疗卫生事业的调整

这一时期医疗卫生事业领域的投入主要是政府主导，同时在医疗服务医疗机构领域实行部分市场化运作。1978 年，卫生部颁布了第一部传染病管理条例《中华人民共和国急性传染病管理条例》从预防传染病、报告传染病、处理传染病几个方面做出了应对传染病的具体工作安排，力求有效预防和控制传染病，保障人民群众的生命健康。

1984 年，卫生部和财政部联合发布了《关于进一步加强公费医疗管理的通知》，健全了公费医疗管理的规章制度，中国公费医疗改革开始进入新阶段；1989 年，卫生部、财政部印发了《公费医疗管理办法》的通知，在划定公费医疗经费开支范围的基础上，从 13 个方面划定了自费范围。

1992 年，国务院下发《关于深化卫生改革的几点意见》，强调要拓宽卫生筹资渠道，完善补偿机制，国家和地方政府要逐年加大对公共卫生事业的资金投入，使该领域的资金投入增长速度高于国家财政增长速度，根据各地区情况设立专项基金，鼓励采取企业投资、个人筹集、社会捐赠等多渠道筹集社会资金，用于公共卫生事业建设。

1997 年，《中共中央、国务院关于卫生改革与发展的决定》提出，要中西医并重，发展中医药，同时要加强农村地区卫生工作，实现初级卫生保健规划目标，发展完善合作医疗制度，完善县、乡、村三级卫生服务网，加强农村基层卫生队伍建设，加大城市卫生机构对农村地区的驰援，重视贫困地区及少数民族的卫生工作。在资金投入方面，中央和地方政府要加大对卫生事业的投入，同时通过企事业单位、社会团体、个人自愿捐赠等多途径筹集资金，支持卫生事业发展。

1998 年，国务院颁布了《关于建立城镇职工基本医疗保险制度的决定》，提出要建立基本医疗保险统筹基金和个人账户，健全基本医疗保险基金的管理和监督机制，加强医疗服务管理，我国的基本医疗保障体系建立起来了。

2002 年，中国疾病预防控制中心成立，确立了国家级疾病预防控制机构的主导地位；同年，中国明确提出各级政府积极引导农民参与新型农村合作医疗制度，按照财政补助加农民自愿的方式建立农村合作医疗制度，争取在 2010 年实现基本覆盖农村地区人口的目标。

四、保障性住房制度的调整

1978 年实行改革开放后，随着经济体制的改革，住房制度也进入了改革期。这一时期的住房制度主要有：城镇公房补贴出售制度、提租补贴制度、住宅合作社制度、住房公积金制度等。

1980年4月，邓小平指出解决中国的住房问题要从城市建筑住宅、分配房屋等政策入手，房屋允许自由买卖，对低工资职工应该提供住房补贴。1980年6月《全国基本建设工作会议汇报提纲》明确提出实行住房商品化政策，允许私人建房和房屋买卖。1980年以后开始在全国范围内开展公房出售试点，到1981年公房出售试点已经拓展到了60多个城市及县镇。

1982年，按照"三三制"方式在四个城市新建住房出售试点工作。所谓"三三制"是指按照成本价格出售新建房屋，由个人、地方政府及职工单位各承担1/3。1988年3月国务院颁布了《在全国城镇分期分批推行住房制度改革实施方案》，提出我国城镇住房制度的改革目标是要实现住房商品化，建立专门的住房基金、坚持多住房多交租少住房可得益的原则、合理确定住房售价，推动共有住房出售、加强对房地产的管理等。

1994年12月，财政部发布了《城镇经济适用住房建设管理办法》，提出要建设具有社会保障性质的经济适用住房供应体系，旨在加快经济适用住房建设，满足城镇职工、居民的住房需求。1995年，国务院正式发布《国家安居工程实施方案》，提出要结合我国城镇住房制度改革的实际情况，协调各方，加快城镇住房建设的商品化和社会化进程，要按照政府扶持、单位支持、个人负担的原则，以大小城市为重点，逐步开展国家安居工程。

2002年，国家计委、建设部颁布了《经济适用房价格管理办法》，提出政府要依法对本地区的经济适用房进行价格管理，充分考虑城镇中低收入家庭的实际收入情况，以本地区的普通商品房价格之间形成合理差距，充分体现我国政府在经济适用住房上为中低收入群体提供的优惠政策。

第三节　基本公共服务的综合供给阶段

一、失业保险制度的发展完善

2005 年国务院颁布的《关于进一步加强就业再就业工作的通知》，指出要进一步完善社会保险制度，建立与促进就业的联动机制，建立就业与失业保险、城市居民最低生活保障工作联动机制，进一步加强对失业人员和城市居民的最低生活保障基础管理，充分发挥失业保险制度在促进再就业中的作用，并在七个省市进行了改革试点。

2006 年 1 月《关于适当扩大失业保险基金指出范围试点有关问题的通知》，对适当扩大失业保险基金支出范围的相关工作做了具体安排，并提出自 2006 年 1 月起在北京、上海、江苏、浙江、福建、山东、广东 7 省、直辖市进行改革试点。2010 年 10 月 28 日《中华人民共和国社会保险法》，对失业保险政策作出了统筹安排。具体包括：职工应当参与失业保险，用人单位和职工应该按照国家标准共同缴纳失业保险费；严格规定失业保险金的标准不得低于居民最低生活保障；职工参与医疗保险后，在失业期间同时享有失业保险和医疗保险等，这一系列规定旨在保障职工的基本生活，促进社会和谐发展。

2019 年，人力资源和社会保障部、财政部等四个部门联合发布了《关于失业保险支持企业稳定就业岗位的通知》，从加大岗位支持力度，放宽技术技能提升补贴申领条件，加大对深度贫困地区的倾斜支持力度，发放价格临时补贴，优化经办服务等方面，为企业稳定就业岗位提供支持，促进整体就业局势的稳定。

2020 年，人力资源和社会保障部与财政部发布了《关于扩大失业保险保障范围的通知》，强调要充分发挥失业保险保生活的基础作用，扩大受益面，切实保障失业人员的基本生活；及时发放失业保险金；阶段性实施失业补助金政策；阶段性扩大失业农民工保障范围；阶段性提高价格临时补贴标准；畅通失业保险待遇申领渠道；切实防范基金运行风险。

二、中国教育事业的发展完善

党的十六大后，在科学发展观的指引下，人才强国战略逐步实施，教育资源的供给显现出政府主导下的多元主体综合供给模式。着眼于中国教育区域发展不平衡、不均匀的实际，党中央更加重视教育公平，力求补齐教育短板，教育政策向农村地区倾斜，不断完善教育投入体制，财政性教育经费不断增加，建立多渠道筹集教育经费制度。

2007 年以来，我国推动教育体制改革，全面推广和普及义务教育、扩大高等教育招生比例的基础上，对义务教育阶段实行免除学费、杂费，对非义务教育阶段实行成本分担政策，确保实行教育公平，逐步建立起覆盖 2000 万中高等学校学生的资助体系，使偏远地区青少年和城市青少年享有同等的教育机会和教育资源。

在我国原有招生考试制度影响下，一考定终身现象严重，造成学生负担过重，压力过大，城乡之间入学差异明显。为了解决我国招生考试制度的弊端，办好人民满意的教育，2018 年 1 月，中共中央、国务院印发《关于全面深化新时代教师队伍建设改革的意见》，从加强师德师风建设、不断提升教师专业素质能力、深化教师管理综合改革、不断提高教师待遇等几个方面描绘了新时代教师队伍建设的宏伟蓝图。2020 年，"十四五"规划系统总结了新时期我国教育事业发展的新特征和新挑战，为了适应国家发展要求，提出学前教育要实现普惠普及、要统筹推进城乡义务教育一体化、职业教育要实现产教融合，还特别强调要实施"学分银行"等个人学分累计与转换制度，构建服务全民终身学习的社会主义现代化教育体系。

三、医疗卫生事业的发展和改革

2009 年中国开始了新一轮的医改，致力于探索一条与中国国情相结合，具有中国特色的医疗事业发展道路，其突出特征是政府与市场相结合。2009 年 4 月，中共中央、国务院发布了《关于深化医药卫生体制改革的意见》，提出要从公共卫生服务、医疗服务、医疗保障、药品供应保障四方面建设四位一体的基本医疗服务体系，正式拉开了新医改的序幕。同年 8 月还出台了《关于建立国家基本药物制度的实施意见》《国家基本药物目录管理办法（暂行）》《国家基本药物目录（基层部分）》，标志着我国对基本药物制度的改革步入正轨。

2010 年，卫生部、中央编办等五个部门制定了《关于公立医院改革试点的指导意见》，强调要突出公立医院的公益性质，统筹配置城乡间区域间的医疗卫生资源，缓解看病贵、看病难的问题。2012年，国务院发布了《关于县级公立医院综合改革试点的意见》，从补偿机制、人事分配、管理制度、服务能力等几方面对推进县级公立医院改革提出了新要求，最终确定在全国范围内选择 300 个左右的县（市）改革试点。

2016 年，国务院出台了《"健康中国 2030"规划纲要》，将"共建共享、全民健康"作为建设健康中国的战略主题，从人均寿命、婴儿死亡率、儿童死亡率、孕妇死亡率等 13 个方面划定了健康中国建设的主要指标。

《深化医药卫生体制改革 2021 年重点工作任务》提出，要推广三明市医改经验、促进医疗资源均衡分布、坚持预防为主，加强公共卫生体系的建设、统筹推进相关重点改革，坚持将提高人民群众身体素质，改善人民健康状况作为医疗卫生事业发展的目标。

四、住房保障制度的发展完善

为了促进房地产事业健康发展，2003年8月，国务院发布了《关于促进房地产市场持续健康发展的通知》，提出要从完善住房供应政策、加强经济适用住房的建设和管理、增加普通商品住房供应、建立和完善廉租住房制度、控制高档商品房建设几个方面完善住房供应政策，调整供应结构。

2007年，国务院发布了《关于解决城市低收入家庭住房困难的若干意见》，提出要从逐步扩大廉租住房制度保障范围、确定廉租住房保障对象和标准、健全保障方式、增加住房来源、确保资金来源等方面建立健全城市廉租住房制度。同时还提出要改进和规范经济适用住房制度、逐步改善其他住房困难群体的居住条件、完善配套政策和工作机制。

2008年11月，中央政府下发文件，决定未来3年内投资9000亿元用于建设廉租房和经济适用房等保障性住房。随后各级政府，结合各地区实际出台了一系列相关政策，解决中低收入群体的住房问题，提高人民幸福指数。

2013年，住房和城乡建设部、财政部、国家发展和改革委员发布了《关于公共租赁住房和廉租住房并轨运行的通知》，提出从2014年起，各地公共租赁住房和廉租住房并轨运行，并轨后统称为公共租赁住房；整合公共租赁住房政府资金渠道；进一步完善公共租赁住房租金定价机制；健全公共租赁住房分配管理制度。这一系列措施规范了对公共租赁住房和廉租住房的管理，为房地产事业的健康发展提供了保障。2014年，财政部发布了《关于公共租赁住房和廉租住房并轨运行有关财政工作的通知》，从整合地方政府资金来源；做好租赁补贴发放工作；准确填列政府收支分类科目；盘活政府存量资金；严格资金使用管理这几个方面对并轨运行的有关财政工作提出了具体要求。

2015 年，习近平总书记针对中国的住房问题，明确提出："要深化城镇住房制度改革，继续完善住房保障体系，加快城镇棚户区和危房改造，加快老旧小区改造"。习近平总书记关于完善住房保障的思想包含以下要点：一是政府应该充分履行自身职能，发挥宏观调控作用，弥补市场不足，合理控制房价，同时多渠道为困难群众提供保障性住房；二是将公共租赁住房作为重点发展对象，改造城镇棚户区和危房，提高居住环境的安全性和城市发展的宜居性；三是通过财政、税收、金融等多渠道筹集资金，鼓励非营利机构参与到保障性住房建设的运营管理中；四是完善保障性住房管理，促进社会公平正义，实现发展成果由人民共享。

2017 年 8 月，国土资源部和住建部联合印发了《利用集体建设用地建设租赁住房试点方案》提出利用集体建设用地建设租赁住房，可以大幅度增加租赁住房的供应，提高集体土地资源利用率，拓宽集体经济组织和农民的收入渠道，加快我国的城镇化进程。

2017 年 12 月，中央经济工作会议将建立多元主体供应、多渠道保障、租购并举的住房制度作为实现高质量发展的重要工作之一，并特别强调要将发展长期租赁，健全法律法规，鼓励专业化、机构化住房租赁企业的发展，并为其提供帮助。2021 年 6 月，国务院办公厅印发了《关于加快发展保障性租赁住房的意见》，指出保障性租赁住房主要是面向刚毕业的大学生、暂无购房能力的青年人、城市基本公共服务人员等为城市建设贡献力量的新市民群体，满足他们的住房需求，帮助其解决阶段性住房困难问题。

总体而言，我国基本公共服务的教育、医疗、养老、就业、住房等多个领域都实现了巨大的改善，在满足人民美好生活需要方面取得了诸多成就，离"幼有所育、学有所教、劳有所得、病有所医、老有所养、住有所居、弱有所扶"的战略目标又近了一大步，中国特色社会主义基本公共服务供给体系不断完善和发展，呈现出强大的自我革新能力和顽强的生命力。基本公共服务体系的完善，将大幅度提高满足人民美好生活需要的能力，是对中国特色社会主义制度优越性最好的诠释，更是中国特色社会主义制度最大的治理效能。

第四章

我国基本公共服务的区域差异现状

■ 第一节　区域基本公共服务均等化的评价指标与评价方法

一、区域基本公共服务均等化水平指标体系的构建和数据收集

　　分析基本公共服务均等化的区域差异现状，首先是要设法构建一个全面有效的评价体系来评价和分析。目前学者们已经构建的评价体系较为成熟，虽然具体指标上略有不同但大体方向是一致的，主要内容都是包括公共教育、劳动就业创业、社会保险、医疗卫生、社会服务、住房保障、公共文化体育和残疾人这八个方面，这与国家《"十三五"推进基本公共服务均等化规划》中涵盖的指标一致。本研究基于数据可得性，选取公共教育、医疗卫生、社会保险、公共文化、残疾人服务和社会服务六方面来进行各地区基本公共服务的区域差异现状分析。

　　本研究结合数据可比性和可获得性，从全国选取5个具有代表性的地区进行实证分析，分别是：京津冀地区、长江三角洲地区、珠江三角洲地区、中西部地区和东北地区。在基本公共服务区域差异现状的评价指标体系中选取了六个一级指标，即基本公共教育、

基本卫生医疗、基本社会保障、基本公共文化和基本残疾人服务。在二级指标方面，本研究选用了投入和产出两个方面的指标进行实证评价。投入指标主要是指各区域的各项目的财政支出水平，这是为了能同时作出对政府财政支出效率的评价，产出指标的内容和数量则依据一级标题的内容而各有不同。同时选取多个三级指标来对基本公共服务均等化区域差异现状进行全面数据分析和总结（如表4-1所示）。

表4-1   基本公共服务区域差异现状的评价指标体系

一级指标	二级指标	三级指标	单位	指标性质
基本公共教育	义务教育经费支出	分地区一般公共预算教育经费	亿元	投入指标
		分地区一般公共预算教育经费占一般公共预算支出比例	%	
		一般公共预算教育经费比去年增长	%	
		一般公共预算教育经费与财政经常性收入增长幅度比较	百分点	
	义务教育水平	6岁及以上人口受教育程度	人	产出指标
	义务教育师生占比	普通小学教师数量	人	
		初中教师数量	人	
		普通小学在校学生数量	人	
		初中在校学生数量	人	
		义务教育老师总数量	人	
		义务教育在校学生总数量	人	
		普通小学师生比例（老师=1）		
		初中师生比例（老师=1）		
		义务教育师生比例（老师=1）		
	义务教育学校数量	义务教育学校总数量	所	
		普通小学学校数量	所	
		初中学校数量	所	

续表

一级指标	二级指标	三级指标	单位	指标性质
基本卫生医疗	各级医院建设情况	分地区医院数量	个	产出指标
		每十万人口医院数	个	
		分地区分级医院数量	个	
		分地区分级医院比重	%	
	人均医药费用	分地区门诊病人次均医药费	元	
		分地区住院病人人均医药费	元	
	全科医生数量	分地区全科医生数	人	
		每万人口全科医生数	人	
	医疗机构床位数	分地区医疗卫生机构床位数	张	
	医疗服务	分地区诊疗人次数	万人次	
		分地区居民平均就诊次数	次	
		分地区入院人数	万人	
		分地区出院人数	万人	
		居民年住院率	%	
基本社会保险	养老保险参保情况	分地区居民养老保险参保人数	万人	产出指标
		分地区参加养老保险人数比例	%	
	医疗保险参保情况	分地区基本医疗保险年末参保人数	%	
		分地区参加医疗保险人数比例	%	
	失业保险参保情况	分地区年末参加失业保险人数	万人	
		分地区年末领取失业保险金人数	万人	
		分地区参加失业保险人数比例	%	
	工伤保险参保情况	分地区年末参加工伤保险人数	万人	
		分地区享受工伤保险待遇人次	万人次	
		分地区参加工伤保险人数比例	%	
	生育保险参保情况	分地区年末参加生育保险人数	万人	
		分地区享受生育保险待遇人次	万人次	
		分地区参加生育保险人数比例	%	

一级指标	二级指标	三级指标	单位	指标性质
基本公共文化	文化事业经费支出	分地区文化事业费用	万元	投入指标
		分地区文化事业费用占财政支出比重	%	
	公共图书馆情况	分地区公共图书馆数量	个	产出指标
		分地区公共图书馆总藏书量	册	
		人均拥有公共图书馆藏书量	册	
	公共博物馆情况	分地区博物馆机构数量	个	
		分地区博物馆从业人员	人	
		分地区文物藏品	件或套	
	公共文化馆情况	分地区文化馆数量	个	
基本残疾人服务	残疾人参加社会保险情况	分地区已办残疾人证人口数	人	产出指标
		分地区残疾人参加社会养老保险人数	万人	
	残疾人康复机构数量	分地区残疾人康复机构数	个	
基本社会服务	养老机构数量	分地区养老机构数量	个	产出指标
	分地区分床位养老机构比重	分地区分床位养老机构数量	个	
		分地区分床位养老机构比重	%	

综上，本研究的指标体系由六大内容板块组成，笔者广泛收集最新版的相关数据，数据来源为《中国统计年鉴2021》《中国社会统计年鉴2020》《中国财政年鉴》《中国教育统计年鉴》《中国卫生年鉴》《中国残疾人事业统计年鉴》《2020年第七次全国人口普查主要数据》《广东年鉴》及珠江三角洲各城市统计局相关数据等。

二、区域基本公共服务均等化水平的评价方法

（一）熵值法

由于受到权重不同的影响，在多维度指标体系的评价中，各项

指标数据对于评价结果的影响程度各有不同。对于权重的处理办法一般来说有两种，分别是主观赋权法和客观赋权法。其中主观赋权法是主要根据研究者的研究重点不同与相对应的主观感受不同来确定数据所占的权重。而客观赋权法则根据客观实际收集指标的信息评测和指标信息量的差别来确定权重。本研究通过使用熵值法达到实现客观赋权的目的，以此来减少主观思维对客观评价事物的影响。一般认为，在评测指标体系中"熵"值越高则系统体系结构越均衡、差异越小或者说变化得越慢；反之，"熵"值越低则系统体系结构越不均衡、差异越大或者说变化得越快。所以可以根据"熵"值的大小，也就是各项指标数值的变异程度来计算出权重。其主要步骤如下。

先进行标准化处理：正向指标代表指标值越大越有利。对正向指标处理如下：

$$X'_{ij} = \frac{X_{ij} - \min\{X_{ij}\}}{\max\{X_{ij}\} - \min\{X_{ij}\}}(i = 1, 2, \cdots, m, j = 1, 2, \cdots, n)$$

负向指标代表指标值越大越不利，对负向指标处理如下式：

$$X'_{ij} = \frac{\max\{X_{ij}\} - X_{ij}}{\max\{X_{ij}\} - \min\{X_{ij}\}}(i = 1, 2, \cdots, m, j = 1, 2, \cdots, n)$$

熵值法确定权重如下：计算第 i 个指标值在第 j 项指标下所占的比重：

$$P_{ij} = \frac{X'_{ij}}{\sum\limits_{i=1}^{m} X'_{ij}}$$

计算第 j 项指标信息熵：

$$e_j = -k \times \sum_{i=1}^{m} \left[P_{ij} \cdot \ln(P_{ij}) \right] \text{ 其中：} k = \frac{1}{\ln(m)}$$

计算信息熵冗余度：

$$d_j = 1 - e_j$$

得到指标权重：

$$w_j = \frac{d_j}{\sum_{j=1}^{n} d_j}$$

计算指标得分：

$$S_i = \sum_{j=1}^{n} w_j \times P_{ij}$$

S 值越大，样本的效果越好，最终比较所有 S 值即可得出评价结论。

（二）变异系数法

变异系数是一种评价各项指标变异程度的统计量，它又被称作"标准差率"。变异系数被记作 $C.V$，是由平均数和标准差的比值计算而来。变异系数的作用是消除指标单位的不同而对变异程度比较的影响。

$$C.V = \frac{S}{x} \times 100\%$$

本研究首先利用熵值法计算的各地区各项三级指标最终得分计算变异系数，并通过变异系数来衡量地区基本公共服务均等化的程度。变异系数越小，变异的程度就越小，风险也就越小，该地区基本公共服务均等化的水平就越高；反之，变异系数越大，变异的程度就越大，风险也就越大，该地区基本公共服务均等化的水平就越低。

（三）标准差

标准差是指某项指标总体各个单位变量的数值与它的算术平均值的偏离程度，它又被称作均方差。标准差可以用来说明个体之间的离散程度。标准差越大，指标差距就越大；反之，标准差越小指标差距就越小。标准查用公式可以表示为：

$$S = \sqrt{\dfrac{\sum\limits_{i=1}^{n} |x_i - \bar{x}|}{n}}$$

（四）极差

极差是指某一项指标总体各单位变量的最小值和最大值之间的差距，可以借此来说明该项指标的变动范围和幅度。极差越大，指标变动范围和幅度就越大；反之，极差越小，指标变动的范围和幅度就越小。用公式可以表示为：

$$R = X_{max} - X_{min}$$

在式中，表示极差的为 R，表示某项指标在各单位的最大值的是 X_{max}，表示某项指标在各单位的最小值的是 X_{min}。

第二节 京津冀地区基本公共服务的区域差异现状

京津冀地区包括了北京市、天津市两个直辖市和河北省。其中北京市、天津市、河北省廊坊市和保定市是中部核心功能区。京津冀地区不但地缘相接、人缘相亲而且自古文化相同，在 5000 年历史长河中有着深厚的渊源。2014 年，京津冀协同发展战略被上升成为重大国家战略，这不仅要求京津冀地区实现经济一体化，协同发展，同时也对社保、医疗、文化、教育、电子信息、基础建设等基本公共服务方面也提出了协同发展与一体化建设的要求。

一、京津冀地区经济发展水平和公共财政现状

根据《中国统计年鉴》，截至 2020 年年底，京津冀地区总人口

为 1.1 亿人，占全国人口的 7.8%。其中北京市 2189 万人，天津市 1386 万人，河北省 7461 万人。① 2020 年，京津冀地区生产总值合计 86391 亿元，占全国的 8.5%，举足轻重。但京津冀十三个地级及以上城市的经济发展水平参差不齐。在这十三座城市中人均生产总值最高的两座城市是北京市和天津市，其人均生产总值超过 14 万元。但同时保定市和邢台市这两个城市作为这十三座城市中人均生产总值最低的两座城市，在 2016 年，人均生产总值还未达到 3 万元。② 呈现较为明显的区域内差异。

截至 2020 年年底，京津冀地区财政一般公共预算收入总计为 11233.46 亿元，占全国的 11.2%。其中，北京市财政一般公共预算收入有 5483.89 亿元，天津市财政一般公共预算收入为 1923.11 亿元，河北省财政一般公共预算收入为 3826.46 亿元③；京津冀地区财政总一般公共预算支出为 19289 亿元，占全国的 9.2%。其中，北京市财政一般公共预算支出为 7116 亿元，天津市财政一般公共预算支出为 3151 亿元，河北省财政一般公共预算支出为 9022 亿元。④ 可见，即使在号称中国"首都经济圈"的京津冀地区，公共财政的一般公共预算收入也是小于一般公共预算支出的，且在全国的一般公共预算中占有较大的比例。

二、京津冀地区义务教育区域差异现状

根据《中国社会统计年鉴 2020》，京津冀地区各地区一般公

---

① 数据来源：北京，国家统计局，中国统计出版社《中国统计年鉴 2020》2－21 分地区分性别、民族的人口数。

② 数据来源：北京，国家统计局，中国统计出版社《中国统计年鉴 2020》3－9 地区生产总值（2020 年）。

③ 数据来源：北京，国家统计局，中国统计出版社《中国统计年鉴 2020》7－5 分地区一般公共预算收入（2020 年）。

④ 数据来源：北京，国家统计局，中国统计出版社《中国统计年鉴 2020》7－6 分地区一般公共预算支出（2020 年）。

共预算教育经费中,河北省共 11 个城市平均一般公共预算教育经费仅为 138 亿元,为三地最低,而天津市一般公共预算教育经费有 466.81 亿元,较河北省相比有近 330 亿元的提升,但与同为直辖市的北京相差同样巨大,达到了 658.55 亿元之多。如图 4.1 所示。

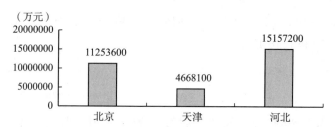

图 4.1 京津冀地区各地一般公共预算教育经费

数据来源:北京,国家统计局,中国统计出版社《中国社会统计年鉴 2019》4 - 46 分地区一般公共预算教育经费增长情况(2019 年)。

京津冀地区各省(市)人均一般公共预算教育经费中,北京市最高,超过 5000 元,高达 5140 余元;其次天津市为 3366 余元;河北省最少,仅有 2031 余元,不到北京市数额的一半。可以看出,京津冀地区人均一般公共预算教育经费呈阶梯状,北京市高于天津市高于河北省且差距相当。如图 4.2 所示。

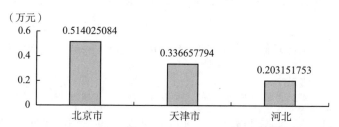

图 4.2 京津冀地区各地人均一般公共预算教育经费

数据来源:北京,国家统计局,中国统计出版社《中国社会统计年鉴 2019》4 - 46 分地区一般公共预算教育经费增长情况(2019 年)。

　　北京市和河北省的一般公共预算教育经费占一般公共预算支出均超过 15%，北京市和河北省在该年的一般公共预算教育经费比上年增长超过 10% 但相差不大，河北省最高，为 11.9%，天津市最低，仅为 4.19%；在一般公共预算教育经费与财政经常性收入增长幅度比较中，北京市最高且超过 10%，为 11.4%，天津市和河北省均未超过 5%，且河北省最低，仅有 1.35%，与北京市的比值相差较大有十个百分点。结合京津冀地区这三项数据可以看出，河北省对基本公共教育保持高度重视，北京市对基本公共教育较为重视且重视程度在上升，而天津市对基本公共教育的重视程度一直较低，三地的一般公共预算教育经费投入均在增加。如图 4.3 所示。

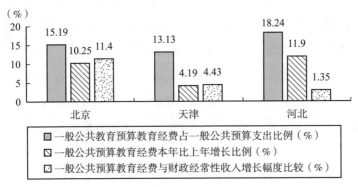

图 4.3 京津冀地区各地一般公共预算教育经费占比差异现状

　　数据来源：北京，国家统计局，中国统计出版社《中国社会统计年鉴 2019》4－46 分地区一般公共预算教育经费增长情况（2019 年）。

　　数据显示，京津冀地区的受过完整义务教育人数比中，北京市的比值最高，达到 87.6%，处于绝对领先位置，其次是天津市，比值也较高，约为 81.2%，河北省最低且与北京市和天津市的差距较大，约为 71%，落后于京津冀地区的平均水平。京津冀地区受教育程度较为不均但平均水平较高。如图 4.4 所示。

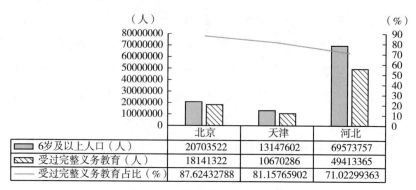

图 4.4 京津冀地区受教育程度

数据来源：北京，国家统计局，中国统计出版社《中国统计年鉴 2020》2－24 分地区按性别、受教育程度分的 6 岁及以上人口（2020 年）。

从义务教育学校的绝对数量上来看，河北省 11 个城市平均拥有 1273 所学校，与北京和天津两个直辖市差距并不大，且京津冀地区各地义务教育学校数量中均为小学数量大于初中数量。但其中北京小学数量约为初中的 2.8 倍，天津小学数量约为初中的 2.6 倍，而河北省小学数量达到了初中数量的 4.8 倍。可以看出河北省的初中学校建设与北京和天津相比还具有一定的差距。如图 4.5 所示。

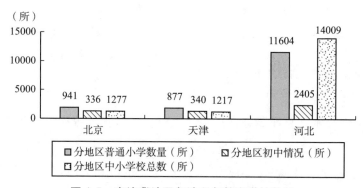

图 4.5 京津冀地区各地义务教育学校数量

数据来源：北京，国家统计局，中国统计出版社《中国社会统计年鉴 2019》4－36 分地初中情况（2019 年）、4－37 分地区普通小学情况（2019 年）。

从京津冀地区的总体义务教育情况来看,北京市的师生配置条件较为优越,平均 1 个专任教师对应约 11.75 个在校学生,其次是天津市,平均 1 个专任教师对应约 13.4 个在校学生,河北省的师生配置条件则相对较差,为平均 1 个专任教师对应约 16.1 个在校学生,三地的总体义务教育师生配置条件呈阶梯状,北京市优于天津市优于河北省,差距相当。可以看出,京津冀地区基本公共教育的师生配置条件相当不均。如图 4.6 所示。

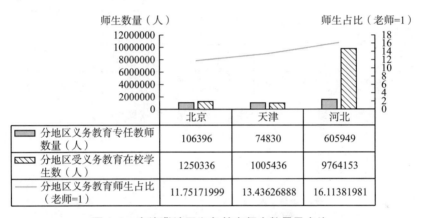

	北京	天津	河北
分地区义务教育专任教师数量(人)	106396	74830	605949
分地区受义务教育在校学生数(人)	1250336	1005436	9764153
分地区义务教育师生占比(老师=1)	11.75171999	13.43626888	16.11381981

图 4.6 京津冀地区义务教育师生数量及占比

数据来源:北京,国家统计局,中国统计出版社《中国社会统计年鉴 2019》4 – 36 分地初中情况(2019 年)、4 – 37 分地区普通小学情况(2019 年)。

其中,京津冀地区的普通小学中,北京市的师生配置条件较为优越,平均 1 个专任教师对应约 13.6 个在校学生;其次是天津市。河北省配置条件则相对较差,且与北京市和天津市的差距较大(如图 4.7 所示)。初中的情况与小学类似,北京市的师生配置条件最为优越,平均 1 个专任教师对应约 8.3 个在校学生;其次是天津市,平均 1 个专任教师对应约 10.7 个在校学生,河北省配置条件则相对较差,为平均 1 个专任教师对应约 14.1 个在校学生,且与北京市和天津市的差距较大。可以看出，京津冀地区普通小学和初中的师生配置条件都较为不均（如图4.8所示）。

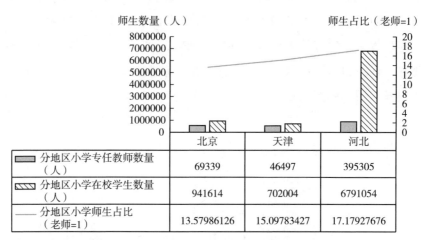

	北京	天津	河北
分地区小学专任教师数量（人）	69339	46497	395305
分地区小学在校学生数量（人）	941614	702004	6791054
分地区小学师生占比（老师=1）	13.57986126	15.09783427	17.17927676

图4.7 京津冀地区普通小学师生数量及占比

数据来源：北京，国家统计局，中国统计出版社《中国社会统计年鉴2019》4－37 分地区普通小学情况（2019年）。

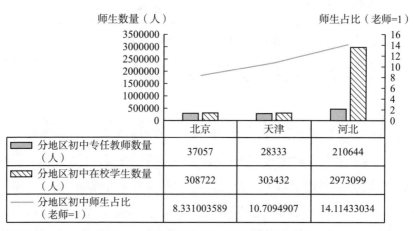

	北京	天津	河北
分地区初中专任教师数量（人）	37057	28333	210644
分地区初中在校学生数量（人）	308722	303432	2973099
分地区初中师生占比（老师=1）	8.331003589	10.7094907	14.11433034

图4.8 京津冀地区初中师生数量及占比

数据来源：北京，国家统计局，中国统计出版社《中国社会统计年鉴2019》4－36 分地初中情况（2019年）。

三、京津冀地区卫生医疗区域差异现状

京津冀地区的各级医院建设情况中，从各级医院的绝对数量来看，河北省 11 市平均拥有三级医院不到 7 个，与北京市和天津市相差甚远，天津市与北京市之间也有很大差距；河北省 11 市平均拥有二级医院 53 个，与天津市差距较小，但两者与北京市的差距较大；从各级医院建设总量来看，河北省 11 市平均拥有 193 个医院，与天津市和北京市差距较大。可以看出，京津冀地区的各级医院建设水平极其不均衡，北京市处于绝对领先的位置，而河北省处于相对落后位置（如图 4.9 所示）。

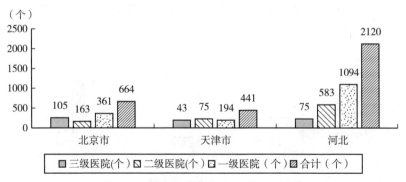

图 4.9　京津冀地区各级医院建设情况

数据来源：北京，国家统计局，中国统计出版社《中国社会统计年鉴 2020》3 – 4 分地区分等级医院情况（2019 年）。

统计年鉴数据显示，京津冀地区各地平均每医院对应人数，天津市最少，约为 31442 人，北京市其次，与之差距约有 1530 人，河北省则相对较多，超过 35000 人。可以看出，京津冀地区中，天津市医院的平均承载压力最小，河北省则较大且在京津冀地区中处于落后位置，但三地较为平均（如图 4.10 所示）。

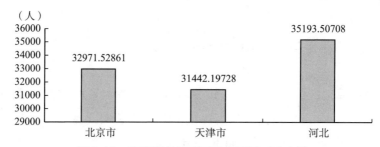

图 4.10　京津冀各地区平均每医院对应人数

数据来源：北京，国家统计局，中国统计出版社《中国社会统计年鉴 2020》3－4 分地区分等级医院情况（2019 年）。

从全科医生人数的绝对数量上来看，河北省 11 个城市平均拥有 1673 位全科医生，同时天津拥有 4568 位全科医生，北京拥有 9267 位全科医生，由此可以看出京津冀地区各地区全科医生数量极其不平衡，且北京大幅领先于其他区域。如图 4.11 所示。

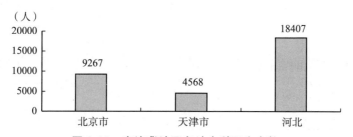

图 4.11　京津冀地区各地全科医生人数

数据来源：北京，国家统计局，中国统计出版社《中国社会统计年鉴 2020》3－13 分地区全科医生数（2019 年）。

从每万人全科医生人数上来看，北京市每万人拥有 4.3 位全科医生，河北省同天津市差距不大，分别为 2.4 位和 2.9 位全科医生。由此可以看出在每万人全科医生数这一方面，京津冀地区中北京领先于其余两地，且领先幅度较大。如图 4.12 所示。

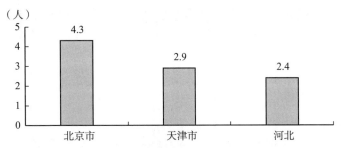

图 4.12 京津冀地区各地每万人全科医生人数

数据来源：北京，国家统计局，中国统计出版社《中国社会统计年鉴 2020》3-13 分地区全科医生数（2019 年）。

京津冀地区各地的医疗卫生机构床位数中，北京市和天津市的医疗机构床位在医院的集中性比河北省强，从总床位数来看，河北省 11 市平均有 39098 个床位，与北京市和天津市差距较大，北京市的床位数最多，高达 127777 个，比天津市和整个河北省相加都多。可以看出，京津冀地区的医疗卫生机构床位较为不均，差距极大。如图 4.13 所示。

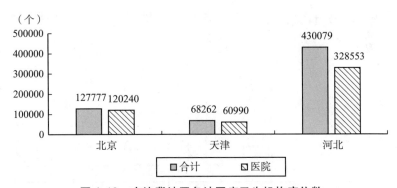

图 4.13 京津冀地区各地医疗卫生机构床位数

数据来源：北京，国家统计局，中国统计出版社《中国社会统计年鉴 2020》3-17 分地区医疗卫生机构床位（2019 年）。

京津冀地区每床位对应人数中，天津市的人数最多，约有 203 人，河北省和北京市较低且人数相当，均为 170 余人。可以看出，京津冀地区的床位压力中只有天津市非常大，北京市和河北省虽较高但两者平均。如图 4.14 所示。

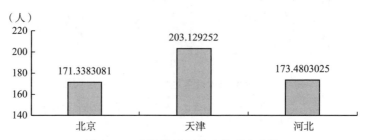

图 4.14　京津冀地区每床位对应人数

数据来源：北京，国家统计局，中国统计出版社《中国社会统计年鉴 2020》3-17 分地区医疗卫生机构床位（2019 年）。

门诊病人次均医药费状况中，河北省的费用最低，为 256.5 元，但是占到了河北省居民人均可支配收入的 1%。相比之下，天津市和北京市的费用较高，北京市的费用达到了 561.4 元，但是只占到其居民人均可支配收入的 0.83%，天津市略高但差距不大。可以看出，京津冀地区的门诊病人次均医药费较为不均，但占居民人均可支配收入的比例较为均衡且不高。如图 4.15 所示。

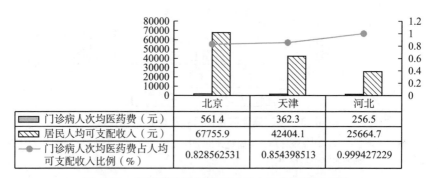

	北京	天津	河北
▨ 门诊病人次均医药费（元）	561.4	362.3	256.5
▨ 居民人均可支配收入（元）	67755.9	42404.1	25664.7
—●— 门诊病人次均医药费占人均可支配收入比例（%）	0.828562531	0.854398513	0.999427229

图 4.15　京津冀地区各地门诊病人次均医药费状况

数据来源：北京，国家统计局，中国统计出版社《中国社会统计年鉴 2020》3-28 分地区医院门诊和住院病人人均医药费用（2019 年）。

住院病人次均医药费状况中，京津冀地区河北省的费用最低，为 9567.2 元，占到河北省居民人均可支配收入的 37.28%。相比之下，北京市和天津市的费用高出许多，北京市的费用高达 23359.8 元，但是只占到北京市居民人均可支配收入的 34.48%，是京津冀地区最低的。天津市的费用略高但其占居民人均可支配收入的比例最高的，为 42.51%。可以看出，京津冀地区的住院病人次均医药费情况较为不均，且占居民人均可支配收入比例较高。如图 4.16 所示。

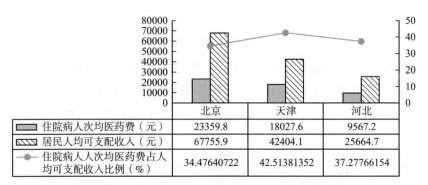

	北京	天津	河北
住院病人次均医药费（元）	23359.8	18027.6	9567.2
居民人均可支配收入（元）	67755.9	42404.1	25664.7
住院病人人次均医药费占人均可支配收入比例（%）	34.47640722	42.51381352	37.27766154

图 4.16 京津冀地区各地住院病人次均医药费状况

数据来源：北京，国家统计局，中国统计出版社《中国社会统计年鉴 2020》3－28 分地区医院门诊和住院病人人均医药费用（2019 年）。

从总门诊诊疗人次数上看，北京市门诊诊疗人次数最多，高达 24886 万人次，其次为天津市，但也超过了 1 万人次，最少的为河北省，11 个市平均仅为 3930 万人次。与北京市以及天津市的差距极大。从居民平均就诊次数来看，北京市同样最多，为 11.55 次，河北省为 5.69 次，处于京津冀地区最为落后的状态。可以看出，京津冀地区各地的门诊服务情况非常不均且差距较大，北京市居于大幅领先的状态而河北省较为落后。如图 4.17 所示。

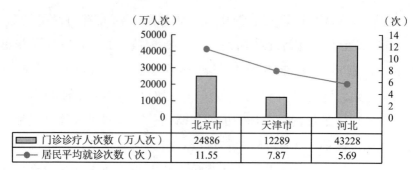

（万人次）	北京市	天津市	河北
门诊诊疗人次数（万人次）	24886	12289	43228
居民平均就诊次数（次）	11.55	7.87	5.69

图 4.17　京津冀地区各地门诊服务情况

数据来源：北京，国家统计局，中国统计出版社《中国社会统计年鉴 2020》3－20 分地区医疗卫生机构门诊服务情况（2019 年）。

从总入院人数上看，北京市入院人数最多，高达 384.9 万人。其次为天津市，但也超过了 150 万人，为 169.9 万人次。最少的为河北省，11 个市平均为 108 万人。与北京市以及天津市有一定差距。从居民年住院率来看，北京市同样最多，为 17.9%，排名第二位的为河北省，为 15.7%。天津市此项数据为京津冀地区最低，为 11.9%。由此可以看出，京津冀地区各地的住院服务情况不够平均，北京市居于大幅领先的状态。如图 4.18 所示。

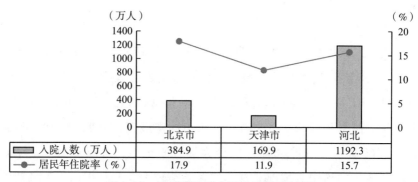

（万人）	北京市	天津市	河北
入院人数（万人）	384.9	169.9	1192.3
居民年住院率（%）	17.9	11.9	15.7

图 4.18　京津冀地区各地住院服务情况

数据来源：北京，国家统计局，中国统计出版社《中国社会统计年鉴 2020》3－21 分地区医疗卫生机构住院服务情况（2019 年）。

四、京津冀地区社会保障区域差异现状

京津冀地区各地中，河北省参加养老保险的人数最多，高达3524.1万人，占比高达47.2%。北京市和天津市的人数和占比都极少，北京市占比最低，仅有9.3%。可以看出，京津冀地区里仅河北省的养老保险参保率极高，北京市和天津市与之差距较大。如图4.19所示。

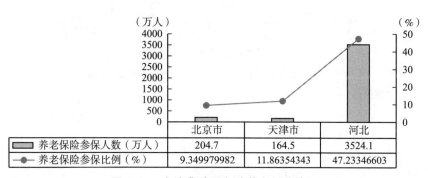

（万人）	北京市	天津市	河北
养老保险参保人数（万人）	204.7	164.5	3524.1
养老保险参保比例（%）	9.349979982	11.86354343	47.23346603

图4.19　京津冀地区各地养老保险情况

数据来源：北京，国家统计局，中国统计出版社《中国社会统计年鉴2020》7－3分地区城乡居民基本养老保险情况（2019年）。

工伤保险参保人数及比例差异：北京市参加工伤保险的人数最多，高达1242.2万人，占比高达56.7%。河北省人数较少，占比最低，为12.7%。天津市人数最低，仅有400.2万人，但占比较高。可以看出，京津冀地区工伤保险的普及非常不均且差距较大。如图4.20所示。

失业保险参保人数及比例差异：北京市参加失业保险的人数最多，高达1294.8万人，占比达到59.1%。天津市人数较少，占比较低，为24.2%。河北省最低，虽有554.1万人参保，但是只占到总人口的7.4%，与北京市的差距极大。可以看出，京津冀地区各地失业保险的普及非常不均且差距较大，北京市的普及程度极高。如图4.21 所示。

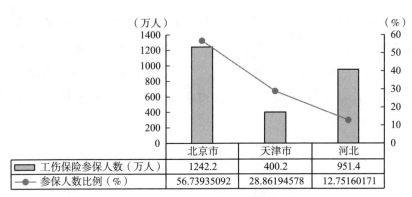

	北京市	天津市	河北
工伤保险参保人数（万人）	1242.2	400.2	951.4
参保人数比例（%）	56.73935092	28.86194578	12.75160171

图 4.20　京津冀地区各级工伤保险情况

数据来源：北京，国家统计局，中国统计出版社《中国社会统计年鉴 2020》7－8 分地区工伤保险情况（2019 年）。

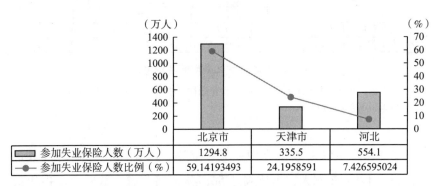

	北京市	天津市	河北
参加失业保险人数（万人）	1294.8	335.5	554.1
参加失业保险人数比例（%）	59.14193493	24.1958591	7.426595024

图 4.21　京津冀地区各地失业保险情况

数据来源：北京，国家统计局，中国统计出版社《中国社会统计年鉴 2020》7－7 分地区失业保险情况（2019 年）。

医疗保险参保人数及比例差异：北京市参加医疗保险的人数最多，为 2082.7 万人，占比达到 95.1%。天津市参保人数有 1137 万人，但参保比例为京津冀地区最低，仅为 82%。河北省 11 市平均参保人数为 631 万人，参保比例约为 93%。从中可以看出，京津冀地

区各地医疗保险的普及较为平均，但天津市相对落后。如图 4.22
所示。

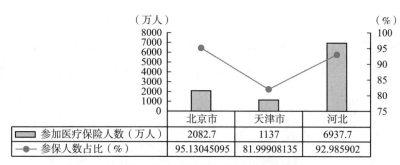

图 4.22 京津冀地区各地医疗保险情况

数据来源：北京，国家统计局，中国统计出版社《中国社会统计年鉴 2020》7-5 分地
区基本医疗保险参保人数（2019 年）。

生育保险参保人数及比例差异：北京市参加生育保险的人数最
多，高达 1164.4 万人，占比高达 53.2%，处于绝对领先地位。河北
省人数最少，且占比最低，仅为 10.9%。可以看出，京津冀地区生
育保险的普及非常不均且差距较大，河北省较为落后。如图 4.23
所示。

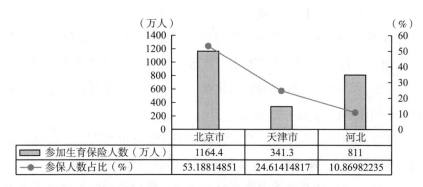

图 4.23 京津冀地区各地生育保险情况

数据来源：北京，国家统计局，中国统计出版社《中国社会统计年鉴 2020》7-9 分地
区生育保险情况（2019 年）。

五、京津冀地区文化服务区域差异现状

文化馆建设区域差异：河北省 11 市平均有 221 个，是京津冀地区最少的，但与北京市和天津市差距不大。天津市最多，有 261 个。可以看出，京津冀地区各地的文化馆建设较为平均且数量较多。如图 4.24 所示。

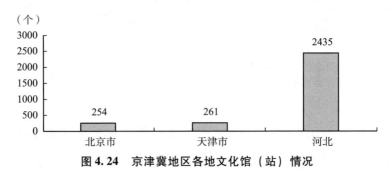

图 4.24　京津冀地区各地文化馆（站）情况

数据来源：北京，国家统计局，中国统计出版社《中国社会统计年鉴 2020》9 - 4 分地区文化馆（站）基本情况（2019 年）。

公共图书馆建设区域差异：河北省 11 市平均仅有约 15 个公共图书馆，与北京市和天津市存在一定差距。天津市和北京市相差不多，分别为 29 个和 23 个。藏书数量方面，河北省 11 市平均仅有 279 万册（件），与北京市和天津市相差甚远，天津市与北京市差距不大。可以看出，京津冀地区的博物馆建设较为不均，河北省落后于京津冀地区平均水平。如图 4.25 所示。

京津冀地区各地人均公共图书藏量中，北京市和天津市较高，分别为 1.4 册和 1.34 册。河北省则差距较多，仅为 0.4 册。可以看出，京津冀地区的人均公共图书藏量较为不均，但河北省较多落后于京津冀地区平均水平。如图 4.26 所示。

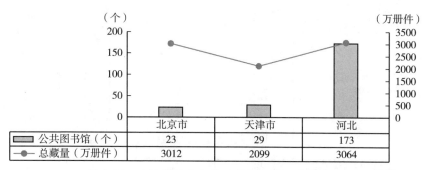

图 4.25　京津冀地区各地公共图书馆及藏书情况

	北京市	天津市	河北
公共图书馆（个）	23	29	173
总藏量（万册件）	3012	2099	3064

数据来源：北京，国家统计局，中国统计出版社《中国社会统计年鉴2020》9-3 分地区公共图书馆基本情况（2019年）。

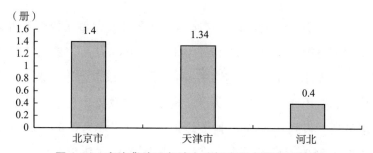

图 4.26　京津冀地区各地人均拥有图书馆藏量情况

数据来源：北京，国家统计局，中国统计出版社《中国社会统计年鉴2020》9-3 分地区公共图书馆基本情况（2019年）。

博物馆建设区域差异：河北省11市平均仅有约13个博物馆，与北京市和天津市相差甚远。北京市有高达80个，天津市较少，为71个。文物藏品数量上，北京市的件/套数也是绝对多数，多达2192500件/套。天津市和河北省与之差距较大，均未超过100万件/套，河北省仅有409994件/套。可以看出，京津冀地区的博物馆建设非常不均，北京市远超京津冀地区平均水平。如图4.27所示。

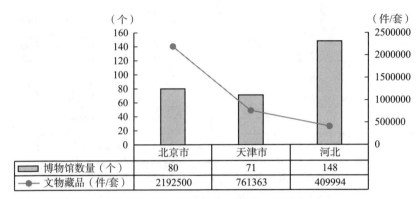

图 4.27　京津冀地区各地博物馆情况

数据来源：北京，国家统计局，中国统计出版社《中国统计年鉴》23 - 28 分地区博物馆基本情况（2020 年）。

文化事业费用区域差异：京津冀地区各地文化事业费用及占财政支出比重情况中，河北省 11 市平均仅有 27088 万元，是京津冀地区最少的，与天津市存在一定差距，两地都与北京市差距较大。北京市的文化事业费用高达 474695 万元。从其占财政支出比重看，北京市的比重最高，占到 0.64%；其次是天津市的比重为 0.49%；河北省最低，为 0.36%。可以看出，京津冀地区各地文化事业费用支出较为不均。如图 4.28 所示。

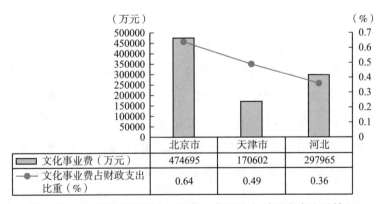

图 4.28　京津冀地区各地文化事业费用及占财政支出比重情况

数据来源：北京，国家统计局，中国统计出版社《中国社会统计年鉴 2020》9 - 7 分地区文化事业费及占财政比重。

六、京津冀地区残疾人服务区域差异现状

残疾人康复机构数量区域差异：京津冀地区各地残疾人康复机构建设情况中，河北省 11 市平均仅有约 40 个，是京津冀地区最少的。天津市较多，北京市高达 151 个。三地的机构数量呈阶梯状，差距相当。可以看出，京津冀地区各地残疾人康复机构较为不均。如图4.29 所示。

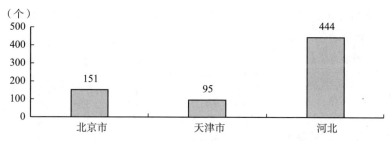

图 4.29　京津冀地区各地残疾人康复机构数量

数据来源：北京，国家统计局，中国统计出版社《中国残疾人事业统计年鉴》4－1－4 康复机构。

残疾人健身活动参加情况区域差异：根据《中国残疾人事业统计年鉴》，京津冀地区各地残疾人健身活动参加情况中，天津市最少，为 1150 人次。北京市略多，为 3300 人次。河北省最多，高达24494 人次，是天津市 20 倍有余。可以看出，京津冀地区各地残疾人健身活动参加情况除河北省超高外较为平均。如图 4.30 所示。

残疾居民参加社会养老保险差异：数据显示，河北省 11 市平均约有 13.6 万人，是京津冀地区最多的，北京市和天津市较少且均未超过 10 万人。参保比例也是河北省最多，高达 76.4%，天津市和北京市差距较大，为 20.9% 和 15.9%。可以看出，京津冀地区各地残疾居民参加社会养老保险情况较为不均，河北省的比例要高出平均水平许多。如图 4.31 所示。

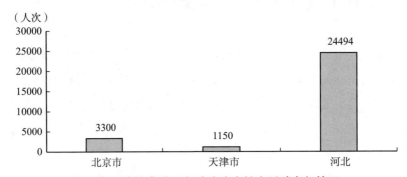

图 4.30 京津冀地区各地残疾人健身活动参加情况

数据来源：北京，国家统计局，中国统计出版社《中国残疾人事业统计年鉴》4 - 9 - 1 体育。

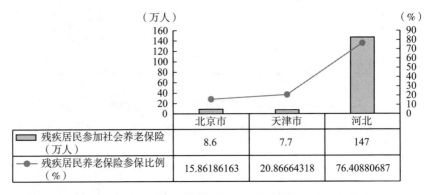

	北京市	天津市	河北
残疾居民参加社会养老保险（万人）	8.6	7.7	147
残疾居民养老保险参保比例（%）	15.86186163	20.86664318	76.40880687

图 4.31 京津冀地区各地残疾居民参加社会养老保险情况

数据来源：北京，国家统计局，中国统计出版社《中国社会统计年鉴 2020》7 - 27 分地区残疾人参加社会保险情况。

第三节 长三角地区基本公共服务的区域差异现状

长江三角洲地区包括了上海市、江苏省、浙江省和安徽省。长江三角洲地区是我国区域发展的一个缩影，该地区具有最有活力的城市群之一，不但产业结构完整，而且居民生活水平较高，就业创业环境优异，是全国最有发展潜力的地区之一。对此，国务院出台了《长江三角洲区域一体化发展规划纲要》等一系列政策，对于长江三角洲地区的医疗卫生、公共教育社会保障和就业等方面提出了具体的要求，目的在于促进长江三角洲地区基本公共服务一体化进一步发展，让长江三角洲地区的居民享受更公平、广泛、实惠的基本公共服务。

一、长三角地区经济发展水平和公共财政现状

根据《中国统计年鉴》，截至 2020 年年底，长江三角洲地区总人口为 2.35 亿人，占全国人口的 16.7%。其中，上海市 2487 万人，江苏省 8475 万人，浙江省 6456 万人，安徽省 6103 万人。[①] 2020 年，长江三角洲地区生产总值合计 244711 亿元，占全国的 24.1%，在全国的经济地位可以说举足轻重。但长江三角洲 26 个地级及以上城市的经济发展水平参差不齐。在这 26 座城市中人均生产总值最高的城市是上海市，其人均生产总值超过 15 万元，但同时有相当城市人均生产总值连上海的一半都不到。[②]

根据《中国统计年鉴》，截至 2020 年年底，长江三角洲地区财政总一般公共预算收入为 26569 亿元，占全国的 26.5%，超过了全国的 1/4。其中，上海市财政一般公共预算收入有 7046 亿元，江苏省财政一般公共预算收入为 9059 亿元，浙江省财政一般公共预算收入为 7248 亿元，安徽省财政一般公共预算收入为 3216 亿元[③]；长江

---

① 数据来源：北京，国家统计局，中国统计出版社《中国统计年鉴2020》2－21 分地区分性别、民族的人口数（2020 年）。
② 数据来源：北京，国家统计局，中国统计出版社《中国统计年鉴2020》3－9 地区生产总值（2020 年）。
③ 数据来源：北京，国家统计局，中国统计出版社《中国统计年鉴2020》7－5 分地区一般公共预算收入（2020 年）。

三角洲地区财政总一般公共预算支出为 39337 亿元，占全国的 18.7%。其中上海市财政一般公共预算支出为 8102 亿元，江苏省财政一般公共预算支出为 13681 亿元，浙江省财政一般公共预算支出为 10082 亿元，安徽省财政一般公共预算支出为 7473 亿元。[①]

二、长三角地区义务教育区域差异现状

根据《中国社会统计年鉴 2020》，长江三角洲各地区一般公共预算教育经费中，上海市一般公共预算教育经费最多，为 959 亿元；江苏省共九座城市，平均一般公共教育经费为 245 亿元；浙江省共八座城市，平均一般公共教育经费约为 220 亿元；安徽省共八座城市，平均一般公共教育经费约为 153 亿元。可以看出，长江三角洲其他地区与上海市在一般公共预算教育经费方面有着巨大的差距。如图 4.32 所示。

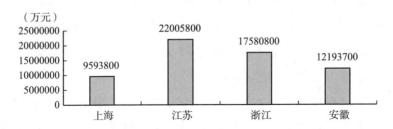

图 4.32　长江三角洲各地区一般公共预算教育经费

数据来源：北京，国家统计局，中国统计出版社《中国社会统计年鉴 2019》4 - 46 分地区一般公共预算教育经费增长情况（2019 年）。

长江三角洲地区各省（市）人均一般公共预算经费中，上海市最高，达到了 3857 余元，江苏省和浙江省较为平均，均为 2500 元以

---

① 数据来源：北京，国家统计局，中国统计出版社《中国统计年鉴》7 - 6 分地区一般公共预算支出（2020 年）。

上，3000 元以下。安徽省略低于 2000 元，为 1998 余元，约为上海市数额的一半。可以看出，长江三角洲地区的人均一般公共预算教育经费中，上海市处于绝对领先地位，江苏省、浙江省和安徽省相对平均。如图 4.33 所示。

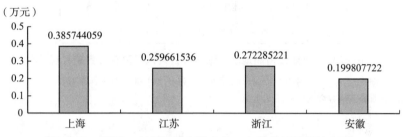

图 4.33 长江三角洲地区各地人均一般公共预算教育经费

数据来源：北京，国家统计局，中国统计出版社《中国社会统计年鉴 2019》4 - 46 分地区一般公共预算教育经费增长情况（2019 年）。

江苏省、浙江省和安徽省的一般公共预算教育经费占一般公共预算支出比例均较高，为 16.5% ~ 17.5%，而上海市相对较低，仅为11.73%。浙江省的一般公共预算教育经费在该年比上一年增长最高，且仅有浙江省的比值超过 10%，高达 12.16%；其次是安徽省，为 9.71%；上海市和江苏省则较低，分别为 7.8% 和 7.85%。可以看出，江苏省、浙江省和安徽省对基本公共教育的重视程度保持高度重视且重视程度仍在上升，投入也在增加，浙江省投入增加最多，而上海市虽然目前对基本公共教育的重视程度相对较低，但是重心有向这方面偏移的趋势。如图 4.34 所示。

在长江三角洲地区受过完整义务教育人数，上海市的比值较高，达到 85.4%；其次是江苏省，比值约为 72.2%；浙江省和安徽省的比值则较低，未达到 70%，相对较差。可以看出，长江三角洲地区居民受教育程度较为不均，最高的上海市和最低的安徽省之间跨度超过 20%。如图 4.35 所示。

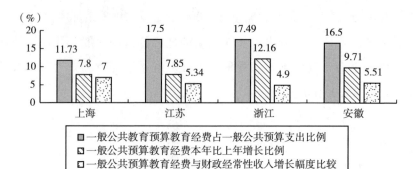

图4.34　长江三角洲地区各地一般公共预算教育经费差异现状

数据来源：北京，国家统计局，中国统计出版社《中国社会统计年鉴2019》4－46 分地区一般公共预算教育经费增长情况（2019 年）。

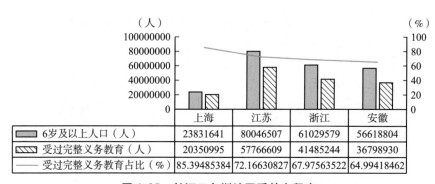

	上海	江苏	浙江	安徽
6岁及以上人口（人）	23831641	80046507	61029579	56618804
受过完整义务教育（人）	20350995	57766609	41485244	36798930
受过完整义务教育占比（%）	85.39485384	72.16630827	67.97563522	64.99418462

图4.35　长江三角洲地区受教育程度

数据来源：北京，国家统计局，中国统计出版社《中国统计年鉴2020》2－24 分地区按性别、受教育程度分的 6 岁及以上人口（2020 年）。

　　长江三角洲地区中从绝对数值上看江苏省 9 个城市平均拥有 708 所学校，浙江省 8 个城市平均 632 所学校。拥有学校最多的是安徽省与上海市，安徽省 8 个城市平均拥有 1330 所学校，上海市拥有 1282 所学校。且长江三角洲地区各地义务教育学校数量中均为小学数量大于初中数量。上海市的小学初中学校建设较为均衡，而安徽省初中建设与长江三角洲其余地区相比有一定差距。如图 4.36 所示。

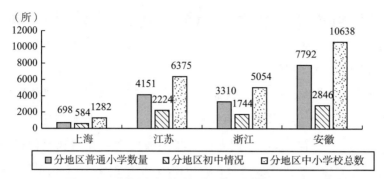

图 4.36　长江三角洲地区各地义务教育学校数量

数据来源：北京，国家统计局，中国统计出版社《中国社会统计年鉴2019》4－36 分地初中情况（2019年）、4－37 分地区普通小学情况（2019年）。

从长江三角洲地区的总体义务教育情况来看，上海市的师生配置条件较为优越，平均1个专任教师对应约12.5个在校学生；其次是江苏省和浙江省，平均1个专任教师对应在校学生数在15～15.5个在校学生；而安徽省虽然在此地区相对较差但差距并不大，为平均1个专任教师对应约16.3个在校学生。可以看出，长江三角洲地区基本公共教育的师生配置条件里，除了上海市较为优越，其他三省较为平均。如图4.37所示。

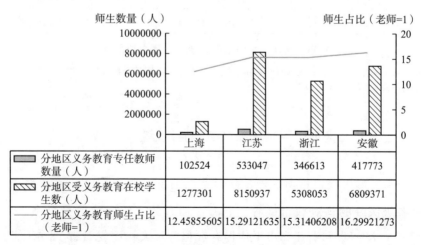

图 4.37　长江三角洲地区义务教育师生数量及占比

上海市的普通小学师生配置条件较为优越，平均一个专任教师对应约 13.9 个在校学生；其次是浙江省和江苏省，平均一个专任教师对应在校学生数在 17 上下（如图 4.38 所示）。与小学类似，上海市的初中师生配置条件也较为优越，平均一个专任教师对应约 10.46 个在校学生；其次是江苏省和浙江省，平均一个专任教师对应在校学生数都在 12~13 个在校学生而安徽省虽然在此地区相对较差但差距并不大，为平均一个专任教师对应约 13.5 个在校学生（如图 4.39 所示）。可以看出，长江三角洲地区义务教育的师生配置条件除了上海市较为优越，其他三省较为平均。

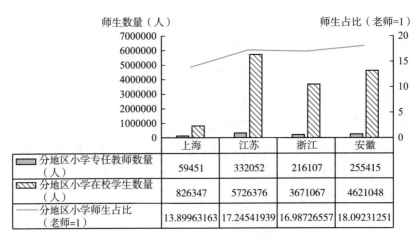

图 4.38 长江三角洲地区普通小学师生数量及占比

数据来源：北京，国家统计局，中国统计出版社《中国社会统计年鉴 2019》4–37 分地区普通小学情况（2019 年）。

三、长三角地区卫生医疗区域差异现状

各级医院建设情况：在长江三角洲地区的各级医院建设情况中，从各级医院的绝对数量来看，上海市拥有的三级医院数量最多，为 47 个；江苏省和浙江省市平均拥有数相差不大；而安徽省 18 市平均

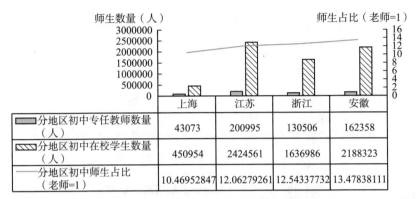

	上海	江苏	浙江	安徽
分地区初中专任教师数量（人）	43073	200995	130506	162358
分地区初中在校学生数量（人）	450954	2424561	1636986	2188323
分地区初中师生占比（老师=1）	10.46952847	12.06279261	12.54337732	13.47838111

图 4.39 长江三角洲地区初中师生数量及占比

数据来源：北京，国家统计局，中国统计出版社《中国社会统计年鉴2019》4-36分地初中情况（2019年）。

拥有的三级医院数量则较少，约为 5 个。上海市拥有的二级医院数量最多，为 103 个；江苏省和安徽省市平均拥有数相差不大；而浙江省 18 市平均拥有的二级医院数量则较少，约为 12 个。江苏省 19 市平均拥有的一级医院数量最多，约为 38 个；其次为安徽省，上海市和浙江省拥有的一级医院相比而言数差距则较大。从各级医院建设总量看，上海市的医院建设总量最多，其他三省市平均拥有医院数中安徽省最少，为 69 个，与上海市差距较大。可以看出，长江三角洲地区的各级医院建设水平较为不均衡，上海市的二级与三级医院领先于其他地区且领先较多，总量上也比其他地区多，而其他三个省的各级医院的数量建设上也较为不均，如图 4.40 所示。

　　长江三角洲地区各地平均每医院对应人数：上海市有近 66400 人之多，在长江三角洲地区是最多的，安徽省、浙江省和江苏省则相对较少且三地差距极小，均在 40000~50000 人。可以看出，长江三角洲地区中，上海市医院的承载压力是极其大，江苏省、浙江省和安徽省则较为良好且平均，如图 4.41 所示。

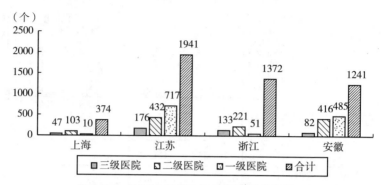

图 4.40 长江三角洲地区各级医院建设情况

数据来源：北京，国家统计局，中国统计出版社《中国社会统计年鉴 2020》3 - 4 分地区分等级医院情况（2019 年）。

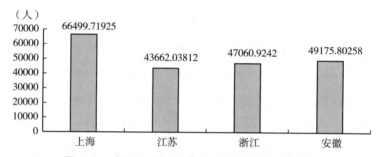

图 4.41 长江三角洲各地区平均每医院对应人数

数据来源：北京，国家统计局，中国统计出版社《中国社会统计年鉴 2020》3 - 4 分地区分等级医院情况（2019 年）。

全科医生数量差异：从全科医生人数的绝对数量上来看，江苏省 19 个城市平均拥有 2505 位全科医生，浙江省 18 个城市平均拥有 1523 位全科医生，安徽省 18 个城市平均拥有 840 位全科医生，而上海市共拥有 9924 位全科医生，是安徽省各城市平均全科医生数量的 10 倍以上，处于绝对领先地位。由此可以看出长江三角洲地区各地全科医生数量不均衡程度较高。如图 4.42 所示。

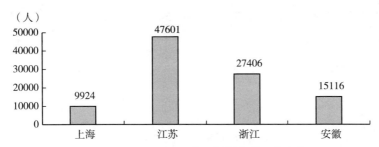

图 4.42　长江三角洲地区各地全科医生人数

数据来源：北京，国家统计局，中国统计出版社《中国社会统计年鉴 2020》3－13 分地区全科医生数（2019 年）。

　　从每万人全科医生人数上来看，上海市每万人拥有 4.1 位全科医生，江苏省同上海市差距不大，每万人拥有 4.7 位全科医生。每万人拥有全科医生人数最多的地区是江苏省，为 5.9 人，但同时安徽省每万人仅仅拥有 2.4 名全科医生。由此可以看出在每万人全科医生数这一方面，长江三角洲地区中安徽省较其他区域较为落后。如图 4.43 所示。

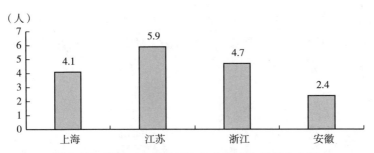

图 4.43　长江三角洲地区各地每万人全科医生人数

数据来源：北京，国家统计局，中国统计出版社《中国社会统计年鉴 2020》3－13 分地区全科医生数（2019 年）。

　　医疗机构床位数差异：上海市医疗机构床位在医院的集中性最强，江苏省最弱。从总床位数来看，其他三个省平均到市的话，浙江省和安徽省较低，市均没有超过 20000 个；江苏省较多；上海市市处于绝对领先位置,床位数有高达 146454 个。可以看出,长江三角洲地区的医疗卫生机构床位除了上海市最多,其他三个省较为平均。如图 4.44 所示。

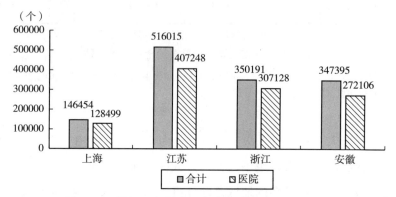

图 4.44 长江三角洲地区各地医疗卫生机构床位数

数据来源:北京,国家统计局,中国统计出版社《中国社会统计年鉴 2020》3 - 17 分地区医疗卫生机构床位(2019 年)。

长江三角洲地区每床位对应人数中,浙江省的人数最多,约有 184 人;江苏省最低,约有 164 人;上海市和安徽省的人数较多,但相差不大。可以看出,长江三角洲地区的床位压力较为平均但较大。如图 4.45 所示。

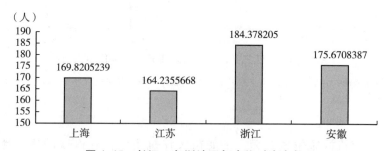

图 4.45 长江三角洲地区每床位对应人数

数据来源:北京,国家统计局,中国统计出版社《中国社会统计年鉴 2020》3 - 17 分地区医疗卫生机构床位(2019 年)。

人均医药费使用差异：安徽省的费用最低，为 255.2 元，但是占到了其人均可支配收入的 0.96%。相比之下，虽然浙江省和江苏省的费用较高，但其占居民人均可支配收入的比例却较低，浙江省最低，仅有 0.56%。上海市的费用最高，为 404.6 元，但是其占人均可支配收入比例也较低。可以看出，长江三角洲地区的门诊病人次均医药费水平略有不均，但占居民人均可支配收入的比例均较低。如图 4.46 所示。

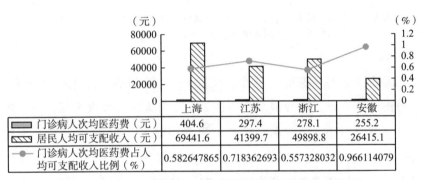

	上海	江苏	浙江	安徽
门诊病人次均医药费（元）	404.6	297.4	278.1	255.2
居民人均可支配收入（元）	69441.6	41399.7	49898.8	26415.1
门诊病人次均医药费占人均可支配收入比例（%）	0.582647865	0.718362693	0.557328032	0.966114079

图 4.46　长江三角洲地区各地门诊病人次均医药费状况

数据来源：北京，国家统计局，中国统计出版社《中国社会统计年鉴 2020》3－28 分地区医院门诊和住院病人人均医药费用（2019 年）。

长江三角洲地区各地住院病人次均医药费状况中，安徽省的费用最低，为 7822.6 元，但是占到安徽省居民人均可支配收入的 29.61%，是长江三角洲地区最高的。相比之下，江苏省和浙江省的费用略高，但是占其居民人均可支配收入的比例较低，浙江省的比例是长江三角洲地区最低的。上海市的费用最高，为 19272.3 元，但其占居民可支配收入的比例较低，为 27.53%。可以看出，长江三角洲地区的住院病人次均医药费情况较为平均，且占居民人均可支配收入比例较低。如图 4.47 所示。

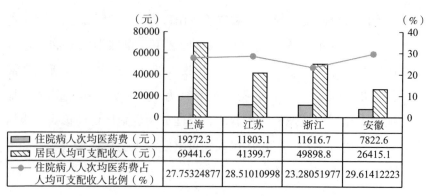

	上海	江苏	浙江	安徽
住院病人次均医药费（元）	19272.3	11803.1	11616.7	7822.6
居民人均可支配收入（元）	69441.6	41399.7	49898.8	26415.1
住院病人人次均医药费占人均可支配收入比例（%）	27.75324877	28.51010998	23.28051977	29.61412223

图 4.47　长江三角洲各地住院病人次均医药费状况

数据来源：北京，国家统计局，中国统计出版社《中国社会统计年鉴 2020》3－28 分地区医院门诊和住院病人人均医药费用（2019 年）。

医疗服务差异现状（门诊和住院）：从总门诊诊疗人次数上看，上海市门诊诊疗人次数最多，高达 27560 万人次；其次为浙江省，虽是长江三角洲地区第二名，但与上海差距较大，共 18 个城市，平均每个城市为 3785 万人次；最少的为安徽省，18 个市平均仅为 1851 万人次。与长江三角洲其他地区均有一定差距。从居民平均就诊次数来看，浙江省与上海市最多，分别为 11.65 次和 11.35 次。安徽省为长江三角洲地区最少，仅为 5.23 次。由此可以看出，长江三角洲地区各地的门诊服务情况较为不均，安徽省较长江三角洲其他地区处于落后状态。如图 4.48 所示。

从总入院人数上看，上海市入院人数最多，高达 454.9 万人，居于绝对领先地位。剩余三省相差不大。从居民年住院率来看，上海市、江苏省、浙江省三地几乎一致，分别为 18.7%、18.9% 和 18.9%。安徽省虽为最低，但与其余三地相差也不大，为 16.7%。由此可以看出长江三角洲各地在住院服务情况上发展较为均衡且发展程度较高，如图 4.49 所示。

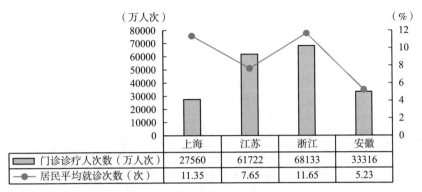

图 4.48 长江三角洲地区各地门诊服务情况

数据来源：北京，国家统计局，中国统计出版社《中国社会统计年鉴 2020》3 - 20 分地区医疗卫生机构门诊服务情况（2019 年）。

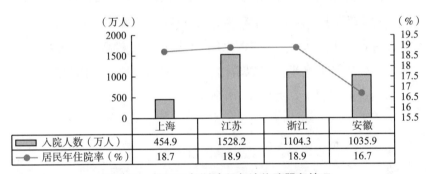

图 4.49 长江三角洲地区各地住院服务情况

数据来源：北京，国家统计局，中国统计出版社《中国社会统计年鉴 2020》3 - 21 分地区医疗卫生机构住院服务情况（2019 年）。

四、长三角地区社会保障区域差异现状

养老保险参保人数及比例差异：数据显示：长江三角洲地区各地中，安徽省参加养老保险的人数最多，高达 3051.7 万人，占比过半；江苏省和浙江省的人数和占比较少；上海市的人数和占比最低，仅有 77.1 万人，占比 3.1%。可以看出，长江三角洲地区里养老保险参保率极其不均，跨度极大。如图 4.50 所示。

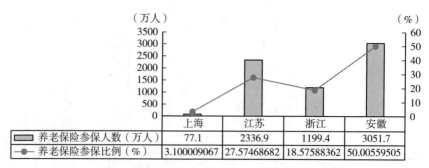

图 4.50　长江三角洲地区各地养老保险情况

数据来源：北京，国家统计局，中国统计出版社《中国社会统计年鉴 2020》7-3 分地区城乡居民基本养老保险情况（2019 年）。

工伤保险参保人数及比例差异：浙江省参加工伤保险的人数最多，高达 2257.4 万人，占比较高，为 35%；安徽省人数最少且占比最低，有 639.1 万人，占比 10.5%；上海市占比最高，高达 43.6%；江苏省也处于较低水平。可以看出，长江三角洲地区工伤保险的普及较为不均且跨度较大。如图 4.51 所示。

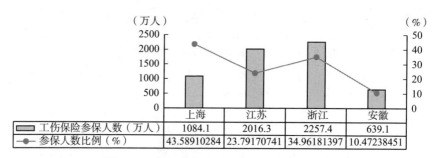

图 4.51　长江三角洲地区各地工伤保险情况

失业保险参保人数及比例差异：江苏省市参加失业保险的人数最多，高达 1794.2 万人，占比达到 21.2%。浙江省的占比较高。上海市占比最高，达到 39.6%，有 984.9 万人参保。而安徽省参保人数最少，占比也最低，仅有 518.8 万人，占比 8.5%。可以看出，长江三角洲地区各地失业保险的普及较为不均，但平均水平较高，最多的上海市与最少的安徽省差距较大。如图 4.52 所示。

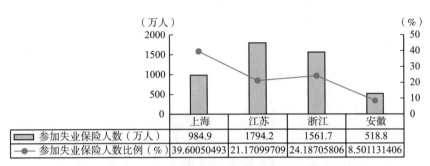

（万人）	上海	江苏	浙江	安徽
参加失业保险人数（万人）	984.9	1794.2	1561.7	518.8
参加失业保险人数比例（%）	39.60050493	21.17099709	24.18705806	8.501131406

图 4.52　长江三角洲地区各地失业保险情况

数据来源：北京，国家统计局，中国统计出版社《中国社会统计年鉴 2020》7－7 分地区失业保险情况（2019 年）。

医疗保险参保人数及比例差异：安徽省参加医疗保险的人数比例最多，占比达到 110%，有 6731.5 万人办理了医疗保险，说明该地区外出打工人口较多。上海市参保总量为长江三角洲地区中最多，为 1889.1 万人，但是比例为长江三角洲地区中最低，为 75.9%。从中可以看出，长江三角洲地区各地医疗保险的普及较为平均，且普及程度较高。如图 4.53 所示。

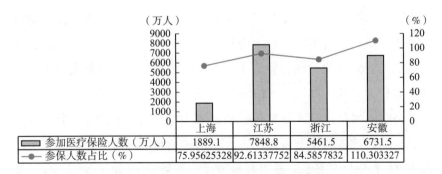

（万人）	上海	江苏	浙江	安徽
参加医疗保险人数（万人）	1889.1	7848.8	5461.5	6731.5
参保人数占比（%）	75.95625328	92.61337752	84.5857832	110.303327

图 4.53　长江三角洲地区各地医疗保险情况

数据来源：北京，国家统计局，中国统计出版社《中国社会统计年鉴 2020》7－5 分地区基本医疗保险参保人数（2019 年）。

生育保险参保人数及比例差异：上海市参加生育保险的人数最多，为989.6万人，占比为39.8%，领先于长江三角洲其他地区。安徽省人数最少，且占比最低，仅为10.2%。可以看出，长江三角洲地区生育保险的普及非常不均且差距较大，安徽省较为落后。如图4.54所示。

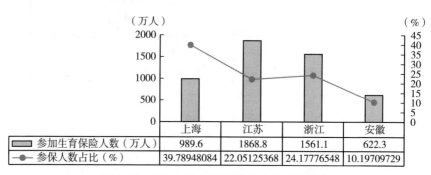

图4.54 长江三角洲地区各地生育保险情况

数据来源：北京，国家统计局，中国统计出版社《中国社会统计年鉴2020》7-9分地区生育保险情况（2019年）。

五、长三角地区文化服务区域差异现状

文化馆建设区域差异：长江三角洲地区各地文化馆建设中，江苏省18市平均有76个，是长江三角洲地区最少的；浙江省和安徽省市均略多但也未超过100个；上海市最多，有242个。可以看出，长江三角洲地区的文化馆建设较为不均，上海市比其他三省领先较多，其他三省较为平均。如图4.55所示。

公共图书馆建设区域差异：浙江省19市平均仅有约5个公共图书馆，与江苏省和安徽省差距不大，但三地与上海市差距较大，上海市有23个公共图书馆。藏书数量方面，安徽省18市平均仅有173.5万册（件），与江苏省和浙江省市均差近300余万册（件）。而上海市藏书量在长江三角洲地区处于领先地位，有8063万册（件）。可

以看出，长江三角洲地区的博物馆建设较为不均，上海市远超于长江三角洲地区平均水平。如图 4.56 所示。

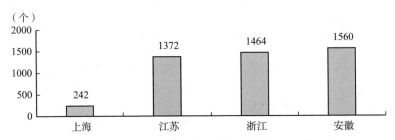

图 4.55 长江三角洲地区各地文化馆（站）情况

数据来源：北京，国家统计局，中国统计出版社《中国社会统计年鉴 2020》9-4 分地区文化馆（站）基本情况（2019 年）。

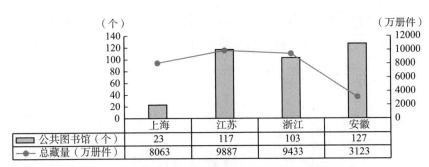

图 4.56 长江三角洲地区各地公共图书馆及藏书情况

数据来源：北京，国家统计局，中国统计出版社《中国社会统计年鉴 2020》9-3 分地区公共图书馆基本情况（2019 年）。

长江三角洲地区各地人均公共图书藏量中，上海市最高，人均有 3.32 册；浙江省和江苏省较高，分别为 1.61 册和 1.23 册；安徽省则差距较多，仅为 0.49 册。上海市的人均藏书量约为其他三地人均藏书量之和。可以看出，长江三角洲地区的人均公共图书藏量较为不均，上海市绝对领先，整体平均水平较高。如图 4.57 所示。

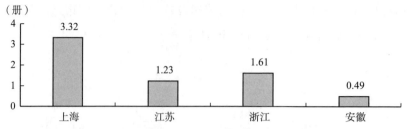

图 4.57　长江三角洲地区各地人均拥有公共图书馆藏量情况

数据来源：北京，国家统计局，中国统计出版社《中国社会统计年鉴 2020》9－3 分地区公共图书馆基本情况（2019 年）。

博物馆建设区域差异：安徽省 18 市平均约仅有 13 个博物馆，是长江三角洲最少的，江苏省和浙江省较多但未超过 50 个，上海市最多，有 107 个。文物藏品数量上，也是上海市最多，有 2086603 件/套；江苏省略低，浙江省和安徽省则较少，安徽省仅有 908842 件/套。可以看出，长江三角洲地区的博物馆建设较为不均，上海市比其他三省领先较多，其他三省较为平均。如图 4.58 所示。

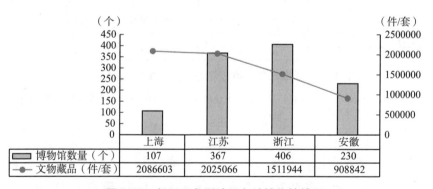

	上海	江苏	浙江	安徽
博物馆数量（个）	107	367	406	230
文物藏品（件/套）	2086603	2025066	1511944	908842

图 4.58　长江三角洲地区各地博物馆情况

数据来源：北京，国家统计局，中国统计出版社《中国统计年鉴 2020》23－28 分地区博物馆基本情况（2020 年）。

文化事业费用区域差异：长江三角洲地区各地文化事业费用及占财政支出比重情况中，安徽省 18 市平均仅有 12153 万元是长江三角洲地区最少的；浙江省和江苏省较高；上海市最高，达到629480万元，其他省与之差距较多。从其占财政支出比重看，浙江省和上海市的比重最高，占到0.75%以上，江苏省较低，而安徽省仅占0.3%。可以看出，长江三角洲地区各地文化事业费用支出较为不均且平均支出较高，安徽省与平均支出水平差距较多。如图4.59所示。

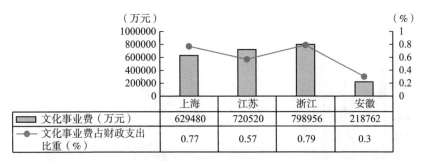

图4.59 长江三角洲地区各地文化事业费用及占财政支出比重情况

数据来源：北京，国家统计局，中国统计出版社《中国社会统计年鉴2020》9－7分地区文化事业费及占财政比重。

六、长三角地区残疾人服务区域差异现状

残疾人康复机构数量区域差异：根据《中国残疾人事业统计年鉴》，长江三角洲地区各地残疾人康复机构建设情况中，上海市以1083个数量处于绝对领先位置，其他三省均未超过500个，江苏省较多，为473个。可以看出，长江三角洲地区各地残疾人康复机构除上海市超出平均水平外，其他省份较为平均。如图4.60所示。

残疾人健身活动区域差异：安徽省极少，仅170人次，江苏省和浙江省较多；上海市最多，高达8992人次，与其他三地差距较大。可以看出，长江三角洲地区各地残疾人健身活动参加情况极其不均，跨度很大。如图4.61所示。

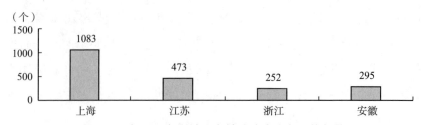

图4.60　长江三角洲地区各地残疾人康复机构数量

数据来源：北京，国家统计局，中国统计出版社《中国残疾人事业统计年鉴》4-1-4康复机构。

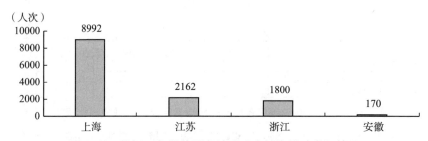

图4.61　长江三角洲地区各地残疾人健身活动参加情况

数据来源：北京，国家统计局，中国统计出版社《中国残疾人事业统计年鉴》4-9-1体育。

残疾居民参加社会养老保险差异：根据《中国社会统计年鉴2020》，长江三角洲地区各地残疾居民参加社会养老保险情况中，安徽省18市平均约有8.4万人，是长江三角洲地区最多的；其次是上海市和江苏省；浙江省最少，19市平均仅有3.8万人。参保比例中，上海市极低仅有13.4%，其他三个省份均有50%以上且差距不大。可以看出，长江三角洲地区各地残疾居民参加社会养老保险情况较为不均，上海市残疾居民参保比例极低。如图4.62所示。

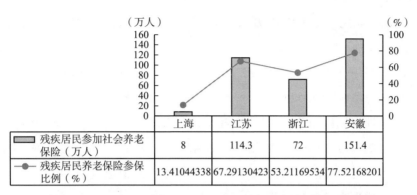

（万人）	上海	江苏	浙江	安徽
残疾居民参加社会养老保险（万人）	8	114.3	72	151.4
残疾居民养老保险参保比例（%）	13.41044338	67.29130423	53.21169534	77.52168201

图 4.62　长江三角洲地区各地残疾居民参加社会养老保险情况

数据来源：北京，国家统计局，中国统计出版社《中国社会统计年鉴 2020》7-27 分地区残疾人参加社会保险情况。

第四节　珠三角地区基本公共服务的区域差异现状

珠江三角洲经济区在 1994 年由广东省政府确立，是广东省平原面积最大的地区，拥有具有全球影响力的先进制造业基地和现代服务业基地，是全国经济发展的重要引擎。珠江三角洲地区包括广州市、深圳市、佛山市、东莞市、珠海市、惠州市、中山市、江门市和肇庆市九个城市。作为南方对外开放的门户，珠江三角洲是中国参与经济全球化的主体区域之一，是中国人口聚集最多，综合实力最强的三大城市群之一，有"南海明珠"之称。

一、珠三角地区经济发展水平和公共财政现状

根据《广东统计年鉴 2021》，截至 2020 年年底，珠江三角洲地区总人口约为 7802 万人，占广东省人口的 61.9%，占全国人口的

5.5%。其中广州市 1868 万人，深圳市 1756 万人，佛山市 950 万人，东莞市 1047 万人，珠海市 244 万人，惠州市 604 万人，中山市 442 万人，江门市 480 万人，肇庆市 411 万人。[①] 2020 年，珠江三角洲地区生产总值合计 89524 亿元，占广东省的 80.8%，占全国的 8.8%。其中深圳市和广州市的生产总值超过了 2.5 万亿元。[②] 在 2019 年深圳市、珠海市和广州市人均生产总值均超过了 13 万元，其中深圳市人均生产总值将近 16 万元，珠海市人均生产总值超过了 14 万元，广州市人均生产总值超过了 13 万元。[③]

截至 2020 年年底，珠江三角洲地区一般公共预算总收入为 8496 亿元，占广东省的 65.7%，占全国的 8.5%。珠江三角洲地区一般公共预算总支出为 11538 亿元，占广东省的 66.2%，占全国的 5.5%（如表 4 - 2 所示）。由此可以看出，珠江三角洲地区的一般公共预算总收入和总支出在广东省内均占到较大比重，其中深圳的一般公共预算总收入和总支出均为珠江三角洲地区最多的。但各市总支出均大于总收入，处于财政赤字状态。[④]

表 4 - 2　　　　珠江三角洲地区各地一般公共预算收支情况　　　　单位：亿元

地区	一般预算收入	一般预算支出
广州	1723	2953
深圳	3857	4178
珠海	379	678
佛山	754	1003

---

① 数据来源：广东省统计局，中国统计出版社《广东统计年鉴 2021》3 - 12 第七次全国人口普查总户数、总人口和性别比。
② 数据来源：广东省统计局，中国统计出版社《广东统计年鉴 2021》2 - 15 各市地区生产总值。
③ 数据来源：广东省统计局，中国统计出版社《广东统计年鉴 2021》2 - 27 各市人均地区生产总值。
④ 数据来源：广东省统计局，中国统计出版社《广东统计年鉴 2021》8 - 3 各市地方一般公共预算收支。

地区	一般预算收入	一般预算支出
惠州	412	637
东莞	695	840
中山	288	376
江门	264	442
肇庆	125	431

数据来源：广东省统计局，中国统计出版社《广东统计年鉴 2021》8 – 3 各市地方一般公共预算收支。

二、珠三角地区义务教育区域差异现状

根据《广东社会统计年鉴 2020》，珠江三角洲九市中，普通小学的一般公共预算教育经费比初中高。深圳市的经费最高，小学和初中分别有 384.2 亿元和 193.5 亿元，其初中的一般公共预算教育经费甚至比许多城市小学的一般公共预算教育经费还高。其次是广州市和东莞市较高，其他城市小学和初中各自的一般公共预算教育经费相对较少许多，均未超过 100 亿元。可以看出，珠江三角洲地区各地义务教育一般公共预算教育经费较为不均，个别城市支出高出平均水平许多，大部分城市的支出较少。如表 4 – 3 所示。

表 4 – 3　　珠江三角洲地区各地义务教育一般公共预算教育经费　　单位：亿元

地区	小学总一般公共预算教育经费	初中总一般公共预算教育经费
广州	253.50	147.02
深圳	384.18	193.53
珠海	55.66	32.91
佛山	83.68	44.82
惠州	76.58	38.98

续表

地区	小学总一般公共预算 教育经费	初中总一般公共预算 教育经费
东莞	193.72	89.99
中山	54.12	26.95
江门	42.04	23.88
肇庆	34.84	20.29

数据来源：广东省，广东省统计局，中国统计出版社《广东社会统计年鉴 2020》2 - 34 分地区各级教育生一般公共预算教育经费增长情况。

珠江三角洲九市中，深圳市的总义务教育一般公共预算经费最多，高达 577.7 亿元；其次广州市和东莞市较多，分别为 400.5 亿元和 283.7 亿元；其余近半城市未达到 100 亿元，肇庆市仅有 55.1 亿元。从支出比例上看，东莞市高达 33.8%，其次是中山市为 21.6%，其余城市均在 10%~20%。可以看出，珠江三角洲各地的总义务教育经费支出及其占比中，除东莞市最为重视支出比例最高，其余城市较为平均且支出比例较低。如图 4.63 所示。

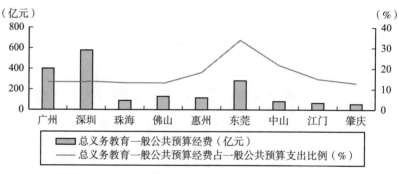

图 4.63 珠江三角洲地区各地总义务教育经费及占比

数据来源：广东省，广东省统计局，中国统计出版社《广东社会统计年鉴 2020》2 - 34 分地区各级教育生一般公共预算教育经费增长情况。

义务教育学校数量差异：广州市的普通小学数量高达 992 所；其

次是惠州市有 571 所，但已有一定差距；其他城市均未超过 500 所。
初中学校也是广州市最多，为 415 所；其他城市未达到 400 所，且其
中珠海市和中山市未达到 100 所，分别仅有 57 所和 84 所。总量上仅
广州市超过 1000 所为 1407 所；其次的惠州市差距较大，为 805 所；
其余城市均未达到广州市的一半，珠海市最少，仅有 191 所。可以看
出，珠江三角洲地区各地义务教育学校数量中，除广州市特别突出以
及珠海市相对较少，其他城市较为平均。如图 4.64 所示。

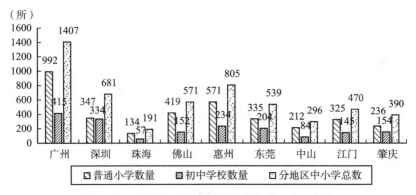

图 4.64　珠江三角洲地区各地义务教育学校数量

数据来源：广东省，广东省统计局，中国统计出版社《广东统计年鉴》19 - 8 各市普
通中学情况（2020 年）、19 - 10 各市小学情况（2020 年）。

义务教育师生占比差异：广州市和深圳市的小学在校生数量超
多，超过 100 万人；其次是东莞市较多，珠海市最少，仅有 185969
人。小学专任教师人数也是广州市和深圳市较多，有超过 60000 人，
珠海市却未达到 10000 人。小学师生比中，深圳市和广州市一名小学
专任教师对应的小学在校生数量较低，不到 18 人；而过半城市的师
生比达到 18.5 以上，东莞市和江门市达到了 20。可以看出，珠江三
角洲地区小学的师生配置较为不均，深圳市和广州市配置较好。如图
4.65 所示。

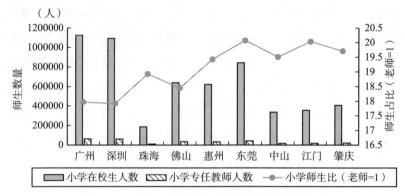

图 4.65　珠江三角洲地区小学师生数量及占比

数据来源：广东省，广东省统计局，中国统计出版社《广东统计年鉴》19－10 各市小学情况（2020 年）。

广州市和深圳市的初中在校生数量最多，其次是东莞市，珠海市最少。初中专任教师人数中也是广州市和深圳市较多，均超过 25000人，珠海市却未达到 5000 人。初中师生比中，可以看出，珠江三角洲地区初中的师生配置较为平均，差距较小。如图 4.66 所示。

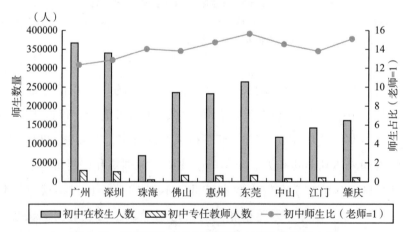

图 4.66　珠江三角洲地区普通初中师生数量及占比

数据来源：广东省，广东省统计局，中国统计出版社《广东统计年鉴》19－8 各市普通中学情况（2020 年）。

三、珠三角地区卫生医疗区域差异现状

各级医院建设情况：根据《广东社会统计年鉴2020》，广州市的医院数量高达289个，其次深圳市和东莞市较多，超过100个，其余城市均未达到100个。从医疗机构总量来看，广州市和深圳市最多，超过5000个；而珠海市未达到1000个，其余城市均在1000～4000个。从医院占总量比例来看，中山市、佛山市和广州市的比例较高，肇庆市最低，各市之间差距较大。可以看出，珠江三角洲地区各地医疗条件较为不均，差距较大。如表4－4所示。

表4－4　　　　　珠江三角洲地区各地医院建设情况　　　单位：个

地区	医院数量	总医疗机构数量
广州	289	5550
深圳	145	5231
珠海	42	966
佛山	131	2281
惠州	81	3230
东莞	112	3154
中山	68	1079
江门	53	1712
肇庆	58	3188

数据来源：广东省，广东省统计局，中国统计出版社《广东统计年鉴》21－4各市医疗卫生机构、床位和人员数（2020年）。

根据《广东社会统计年鉴2020》和《广东年鉴2020》，珠江三角洲九市医院对应人数情况中，仅深圳市人数过10万达到121104人；其次是东莞市和江门市，分别为93452人和90530人；珠海市最低，为58085人；其余城市均在60000～75000人。可以看出，珠江

三角洲各地就诊压力除深圳市较大外，其他城市较为平均，珠海市最为良好。如图 4.67 所示。

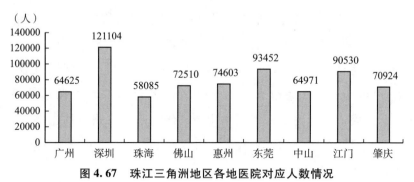

图 4.67 珠江三角洲地区各地医院对应人数情况

数据来源：广东省，广东省统计局，中国统计出版社《广东统计年鉴》21－4 各市医疗卫生机构、床位和人员数（2020 年）。

全科医生数量差异：每万人对应全科医生数中，广州市和珠海市的人数最多，分别约为 33.4 人和 32.8 人，其余城市则相对较少且差距不大，均在 20 人以上。可以看出，珠江三角洲地区各地全科医生建设较为平均，广州市和珠海市较好。如图 4.68 所示。

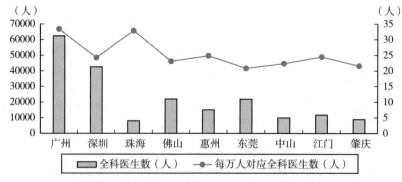

图 4.68 珠江三角洲地区各地全科医生数量情况

数据来源：广东省，广东省统计局，中国统计出版社《广东统计年鉴》21－4 各市医疗卫生机构、床位和人员数（2020 年）。

医疗机构床位数差异：珠江三角洲九市每床位对应人数中，深圳市最高，约达 351 人；其次是东莞市 310 人；广州市和江门市最低，未达到 200 人；其余城市均在 200～300 人。可以看出，珠江三角洲地区各地床位压力较为平均，仅珠海市较大。如图 4.69 所示。

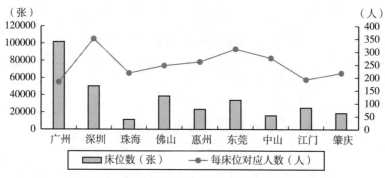

图 4.69　珠江三角洲地区各地床位数分布情况

数据来源：广东省，广东省统计局，中国统计出版社《广东统计年鉴》21-4 各市医疗卫生机构、床位和人员数（2020 年）。

医疗服务差异现状（门诊和住院）：从总诊疗人次数上看，广州市诊疗人次数最多，高达 9962.4 万人次；其次为深圳市和佛山市，虽是珠江三角洲地区前列，但与广州市差距较大，分别为 5376.4 万人次和 5144.2 万人次；最少的为珠海市和肇庆市，都未超过 1000 万人次，与珠江三角洲其他地区均有一定差距。从居民平均就诊次数来看，中山市、佛山市和广州市为最多，都超过了 5 次；惠州市为珠江三角洲地区最少，还未超过 3 次。由此可以看出，珠江三角洲地区各地的门诊服务情况较为不均，惠州市较珠江三角洲其他地区处于落后状态。如图 4.70 所示。

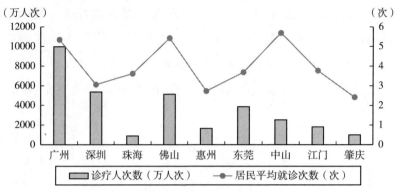

图 4.70　珠江三角洲地区各地医院服务情况

数据来源：广东省，广东省统计局，中国统计出版社《广东社会统计年鉴 2020》3 – 14 各市医院入院与诊疗人次数（2019 年）。

四、珠三角地区社会保障区域差异现状

养老保险参保人数及比例差异：珠江三角洲九市中，肇庆市养老保险参保比例最高，其次是江门市较高，其余城市均在 20% 以下；中山市和深圳市极低。可以看出，珠江三角洲地区各地养老保险参保情况非常不均，最多与最少的城市之间差距较大。如表 4 – 5 所示。

表 4 – 5　　　　　　珠江三角洲地区各地养老保险情况

城市	养老保险参保人数（万人）	养老保险参保比例（%）
广州	142.89	7.65
深圳	1.13	0.06
珠海	9.72	3.98
佛山	50.92	5.36
惠州	108.37	17.93
东莞	5.99	0.57

城市	养老保险参保人数（万人）	养老保险参保比例（%）
中山	0.67	0.15
江门	152.28	31.74
肇庆	162.21	39.43

数据来源：广东省，广东省统计局，中国统计出版社《广东统计年鉴》21－7各市社会保险参保人数（2020年）。

工伤保险参保人数及比例差异：深圳市工伤保险参保比例最高，达70.71%；肇庆市最低，仅有12.58%；其余城市参保比例均在20%～50%，珠海市较高。可以看出，珠江三角洲地区各地工伤保险参保情况较为平均，仅深圳市较高以及肇庆市较低。如表4－6所示。

表4－6　　　　　　　　珠江三角洲地区各地工伤保险情况

城市	工伤保险参保人数（万人）	工伤保险参保比例（%）
广州	682.93	36.57
深圳	1241.74	70.71
珠海	119.12	48.83
佛山	335.99	35.37
惠州	159.53	26.40
东莞	452.65	43.25
中山	169.38	38.34
江门	103.12	21.49
肇庆	51.75	12.58

数据来源：广东省，广东省统计局，中国统计出版社《广东统计年鉴》21－7各市社会保险参保人数（2020年）。

失业保险参保人数及比例差异：深圳市失业保险参保比例最高，达69.61%；肇庆市最低，仅有11.35%；江门市较低为19.6%，其余城市参保比例均在20%～50%，珠海市较高。可以看出，珠江三角洲地区各地失业保险参保情况较为平均，仅深圳市较高以及肇庆市和江门市较低。如表4-7所示。

表4-7　　　　　　珠江三角洲地区各地失业保险情况

城市	失业保险参保人数（万人）	失业保险参保比例（%）
广州	691.82	37.04
深圳	1222.44	69.61
珠海	118.09	48.41
佛山	306.39	32.26
惠州	150.09	24.84
东莞	437.86	41.83
中山	167.91	38.01
江门	94.02	19.60
肇庆	46.69	11.35

数据来源：广东省，广东省统计局，中国统计出版社《广东统计年鉴》21-7各市社会保险参保人数（2020年）。

医疗保险参保人数及比例差异：根据《广东统计年鉴》，珠江三角洲九市中，肇庆市医疗保险参保比例最高，高达81.75%；深圳市较低，为17.4%；其余城市均在25%～55%，江门市较高。可以看出，珠江三角洲地区各地医疗保险参保情况除肇庆市较高外较为平均。（年鉴中并未收录东莞市和中山市有关此方面数据）如表4-8所示。

表 4 - 8 珠江三角洲地区各地医疗保险情况

地区	医疗保险参保人数（万人）	医疗保险参保比例（%）
广州	503.94	26.98
深圳	305.63	17.40
珠海	68.24	27.97
佛山	234.1	24.65
惠州	252.62	41.80
东莞	—	—
中山	—	—
江门	248.43	51.78
肇庆	336.27	81.75

数据来源：广东省，广东省统计局，中国统计出版社《广东统计年鉴》21 - 7 各市社会保险参保人数（2020 年）。

生育保险参保人数及比例差异：深圳市生育参保比例最高，达 74.3%；肇庆市最低，仅有 14.53%；其余城市参保比例均在 20% ~ 50%，珠海市和东莞市较高。可以看出，珠江三角洲地区各地生育保险参保情况较为平均，仅深圳市较高以及肇庆市较低。如图 4.71 所示。

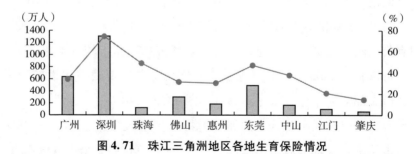

图 4.71 珠江三角洲地区各地生育保险情况

数据来源：广东省，广东省统计局，中国统计出版社《广东统计年鉴》21 - 7 各市社会保险参保人数（2020 年）。

五、珠三角地区文化服务区域差异现状

文化馆建设区域差异：根据《广东社会统计年鉴——2020》，珠江三角洲九市中，广州市文化站数量最多，达 170 个；其次是肇庆市较高为 104 个，已与广州市有较大差距；其他城市均未超过 80 个，有近半城市未超过 35 个。可以看出，珠江三角洲地区各地文化站数量较为不均，较少的城市差距较大。如图 4.72 所示。

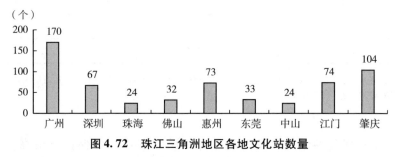

图 4.72 珠江三角洲地区各地文化站数量

数据来源：广东省，广东省统计局，中国统计出版社《广东社会统计年鉴 2020》4 - 21 各市文化站机构数（2019 年）。

公共图书馆建设区域差异：广州市和深圳市公共图书馆数量最多，分别有 13 个和 11 个，其余城市均未超过 10 个，东莞市和中山市极低仅有 1 个。人均拥有公共图书馆藏书中，深圳市和广州市较多分别为 1.79 册和 1.76 册，其次是珠海市有 1.18 册，其余城市人均拥有公共图书馆藏书量不超过 1 册，东莞市和惠州市较低不超过 0.5 册。可以看出，珠江三角洲地区各地公共图书馆及藏书建设较为平均，但大部分城市建设水平不高。如图 4.73 所示。

博物馆建设区域差异：深圳市博物馆数量最多，达 49 个；其次广州市较多；大部分城市不超过 10 个，珠海市仅有 2 个。可以看出，珠江三角洲地区各地博物馆数量较为平均，个别城市较多。如图 4.74 所示。

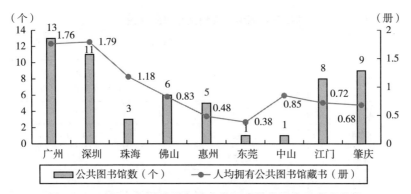

图 4.73　珠江三角洲地区各地公共图书馆数及人均藏书数量

数据来源：广东省，广东省统计局，中国统计出版社《广东社会统计年鉴 2020》4 -18 各市公共图书馆机构数（2014～2019 年）、4 -26 各市人均拥有公共图书馆藏书册数（2014～2019 年）。

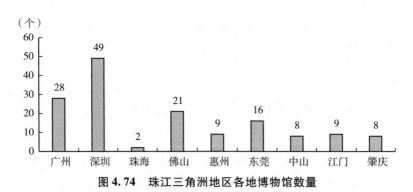

图 4.74　珠江三角洲地区各地博物馆数量

数据来源：广东省，广东省统计局，中国统计出版社《广东社会统计年鉴 2020》4 -20 各市博物馆机构数（2014～2019 年）。

　　文化事业费用区域差异：根据《广东社会统计年鉴 2020》，珠江三角洲九市中，深圳市、广州市和珠海市的文化事业费用较高，均超过 200000 万元，其余城市相对较少许多不达其半数。在其占一般公共预算支出占比重方面，珠海市的比例最高，达到 3.77%，其余城市的比例仅在 0.5%～1.5%。可以看出，珠江三角洲地区各地文化事业费用支出较为不均，珠海市对其重视程度最高。如表 4 -9 所示。

表 4 - 9　　　　珠江三角洲地区各地文化事业费用及其

占一般公共预算支出占比

地区	文化事业费用（万元）	文化事业费用占一般公共预算支出占比（%）
广州	248534.20	0.93
深圳	275325.40	0.60
珠海	232272.60	3.77
佛山	108710.70	1.15
惠州	50779.60	0.83
东莞	119044.40	1.38
中山	35410.80	0.86
江门	44945.60	1.07
肇庆	22132.40	0.63

数据来源：广东省，广东省统计局，中国统计出版社《广东社会统计年鉴 2020》4 - 28 各市文化文物事业费（2014~2019 年）。

六、珠三角地区残疾人服务区域差异现状

根据《广东社会统计年鉴 2020》，珠江三角洲九市中，珠海市得到生活补贴的困难残疾人比例最高，达 129.66%；排名第二位的惠州市比例刚刚过半，与珠海市已存在较大差距；其余城市相较更低，东莞市和中山市较低，未超过 10%；深圳市极低，仅有 1.86%。可以看出，珠江三角洲地区各地对困难残疾人的生活补贴较为不均，仅珠海市情况良好。如表 4 - 10 所示。

表 4 - 10　　　　珠江三角洲地区各地困难残疾人生活补贴人数及比例

地区	困难残疾人生活补贴人数（人）	得到生活补贴残疾人占比（%）
广州	28466	18.35
深圳	544	1.86

地区	困难残疾人生活补贴人数（人）	得到生活补贴残疾人占比（%）
珠海	19677	129.66
佛山	3256	5.27
惠州	19887	50.38
东莞	3105	7.03
中山	2055	9.03
江门	10068	26.35
肇庆	20902	20.13

数据来源：广东省，广东省统计局，中国统计出版社《广东社会统计年鉴2020》7－23 各市残疾人福利人数（2018~2019 年）、10－13 2019 年各市持证残疾人数。

其中，江门市得到生活补贴的重度残疾人比例最高，高达104.96%，其余大部分城市能达到50%~90%，仅东莞市较低，为38.19%。可以看出，珠江三角洲地区各地对困难残疾人的生活补贴较为平均且平均水平较高。如表4－11所示。

表4－11　　珠江三角洲地区各地重度残疾人护理补贴人数及比例

地区	重度残疾人护理补贴人数（人）	得到护理补贴残疾人占比（%）
广州	102920	66.35
深圳	24882	85.13
珠海	11457	75.49
佛山	36437	58.93
惠州	29781	75.45
东莞	16854	38.19
中山	13205	58.05
江门	40101	104.96
肇庆	53997	52.01

数据来源：广东省，广东省统计局，中国统计出版社《广东社会统计年鉴2020》7－23 各市残疾人福利人数（2018~2019 年）、10－13 2019 年各市持证残疾人数。

第五节 中西部地区基本公共服务的地区差异现状

中西部地区是对我国中部地区和西部地区的总称，由 17 个省（自治区、直辖市）组成，包括山西省、内蒙古自治区、江西省、河南省、湖北省、湖南省、广西壮族自治区、重庆市、四川省、贵州省、云南省、西藏自治区、陕西省、甘肃省、青海省、宁夏回族自治区、新疆维吾尔自治区等，约占全国总面积的 80%。中西部地区是我国的腹部地带，幅员辽阔，人口众多，但除重庆、四川盆地和关中平原以外，中西部绝大部分地区经济相对落后，与飞速发展的东部地区相比呈现出了一定的差距，而且差距有进一步被扩大的趋势。国家给予了高度的重视，并制定了相关的战略规划和政策以实现中西部经济崛起。

一、中西部地区经济发展水平和公共财政现状

根据《中国统计年鉴》，截至 2020 年年底，中西部地区总人口约为 6.9 亿人，占全国人口 48.7%。2020 年，中西部地区生产总值合计 414684 亿元，占全国生产总值的 40.8%。但中西部地区总体发展呈现中高西低的态势。在这 17 个省（自治区、直辖市）中人均生产总值最高的地区是重庆市、湖北省和内蒙古自治区，三地人均生产总值均超过 7 万元。其中重庆市人均生产总值约为 7.8 万元，湖北省人均生产总值约为 7.4 万元，内蒙古自治区人均生产总值约为 7.2 万元。而同时甘肃省人均生产总值还未达到 4 万元。[①]

---

① 数据来源：北京，国家统计局，中国统计出版社《中国统计年鉴 2020》3-9 地区生产总值（2020 年）。

截至 2020 年年底，中西部地区一般公共总预算收入为 34067 亿元，占全国的 34.0%；中西部地区一般公共总预算支出为 100510 亿元，占全国的 47.7%。从表 4－12 可以看出，中西部地区的一般公共预算支出均大于一般公共预算收入，当地政府需要中央财政拨款或者其他地方帮助。

表 4－12　　　　中西部地区各地一般公共预算收支情况　　　　单位：亿元

地区	一般公共预算收入	一般公共预算支出
山西	2297	5111
内蒙古	2051	5270
江西	2508	6674
河南	4169	10373
湖北	2512	8443
湖南	3009	8403
广西	1717	6179
重庆	2095	4894
四川	4261	11199
贵州	1787	5740
云南	2117	6974
西藏	221	2211
陕西	2257	5930
甘肃	875	4163
青海	298	1933
宁夏	419	1480
新疆	1477	5533

数据来源：北京，国家统计局，中国统计出版社《中国统计年鉴 2020》7－5 分地区一般公共预算收入（2020 年）、7－6 分地区一般公共预算支出（2020 年）。

与东部沿海地区相比，中西部地区面临着经济发展落后，资源利用效率低，资本、高新技术和各类人才等流动型稀缺资源短缺，改革与开放力度不够等诸多问题。

二、中西部地区义务教育区域差异现状

义务教育经费支出差异：根据《中国社会统计年鉴2020》，中西部各地区一般公共预算教育经费中，河南省和四川省最高且均超过1500亿元；江西省、湖北省、湖南省、广西壮族自治区、贵州省和云南省一般公共预算教育经费均在1000亿元到1300亿元之间。其他省（自治区、直辖市）在1000亿元以下，并且西藏自治区、青海省和宁夏回族自治区的一般公共预算教育经费均少于500亿元。位居第一位的河南省一般公共预算教育经费高达1773.39亿元，高于第二位四川省179.39亿元，高于最低的宁夏回族自治区1595.03亿元，约为宁夏自治州一般公共预算教育经费的10倍。中部地区省份的一般公共预算教育经费普遍高于西部地区，在西部地区里，云贵川地区的一般公共预算教育经费较其他省份高。总体而言，中西部地区各省（市）的一般公共预算教育经费差异较大，非均衡状态相当显著。如图4.75所示。

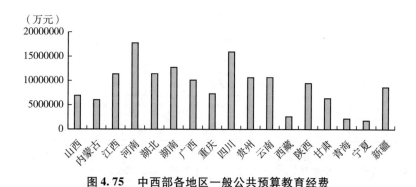

图4.75　中西部各地区一般公共预算教育经费

数据来源：北京，国家统计局，中国统计出版社《中国社会统计年鉴2019》4-46分地区一般公共预算教育经费增长情况（2019年）。

中西部地区各地人均一般公共预算教育经费中，西藏自治区位居第一，高达7170余元；其次是青海省和新疆维吾尔自治区，均超过了3000元；而山西省、河南省、湖北省和四川省均未超过2000元但差距不大；河南省最低，为1784余元，约为最高的西藏自治区数额的1/4，与其他省（市）仍有一定差距。可以看出，中部地区的人均一般公共预算教育经费普遍低于西部地区，西藏自治区处于绝对领先地位，西北地区较云贵川地区高。如图4.76所示。

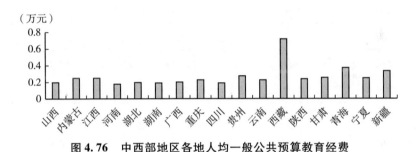

图4.76　中西部地区各地人均一般公共预算教育经费

数据来源：北京，国家统计局，中国统计出版社《中国社会统计年鉴2019》4－46分地区一般公共预算教育经费增长情况（2019年）。

中西部各地区之间一般公共预算教育经费占一般公共预算支出比例相差不大，结合中西部地区这三项数据可以看出，江西省、河南省、广西壮族自治区和贵州省对基本公共教育保持高度重视，且贵州省在此基础上重视程度较其他三省仍有明显上升趋势，重庆市的重视程度在较高的基础上上升最多，而西藏自治区对基本公共教育的重视仍处于起步阶段。山西省和内蒙古自治区虽然一般公共预算教育经费投入在增加，但是其一般公共预算支出在向其他领域偏移，而云南省对基本公共教育的重视程度在下降，处于中西部地区的底部。如表4－13所示。

表 4 - 13　　　中西部地区各地一般公共预算教育经费差异现状　　单位：%

地区	一般公共预算教育经费占一般公共预算支出比例	一般公共预算教育经费本年比上年增长比例	一般公共预算教育经费与财政经常性收入增长幅度比较
山西	14.69	3.43	-5.34
内蒙古	11.83	6.49	-8.37
江西	17.74	8.07	2.22
河南	17.45	9.40	2.50
湖北	14.32	8.59	2.04
湖南	15.86	8.17	1.67
广西	17.24	8.74	0.18
重庆	15.06	7.58	14.23
四川	15.40	8.44	5.96
贵州	17.85	7.90	7.08
云南	15.77	-0.20	-4.91
西藏	11.96	14.22	12.63
陕西	16.52	10.40	5.82
甘肃	16.10	7.27	4.10
青海	11.80	10.53	6.97
宁夏	12.47	6.78	6.58
新疆	16.25	5.91	3.20

数据来源：北京，国家统计局，中国统计出版社《中国社会统计年鉴2019》4-46 分地区一般公共预算教育经费增长情况（2019 年）。

　　数据显示，在长江三角洲地区的受过完整义务教育人数占比中，山西省的比值较高，超过了75%，约为77.5%；其次是陕西省和内蒙古自治区，约为73%和71%；西藏自治区的比值最低，仅为37.7%，与中西部地区受教育程度平均水平相差甚多，处于绝对落后位置；而青海省、云南省、贵州省和甘肃省的受完整义务教育人数也才刚刚过半，未达 60% 的及格线，分别约为 54.1%、55.4%、55.6% 和 59.4%，处于相对落后状态。其余省（自治区、直辖市）的比值均在 60%~70%，差距较小。可以看出，中西部地区的受教育程度除西藏自治区极其低下外，其他省（自治区、直辖市）较为平均但平均水平不高。如图 4.77 所示。

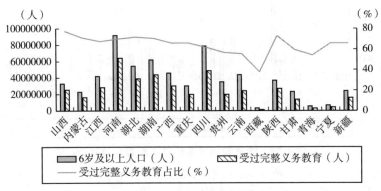

图 4.77 中西部地区受教育程度

数据来源：北京，国家统计局，中国统计出版社《中国统计年鉴》2-24 分地区按性别、受教育程度分的 6 岁及以上人口（2020 年）。

从中西部地区义务教育学校数量绝对数值上看差距较大，其中学校总数最多的为河南省，达到了 22720 所中小学，青海省和西藏自治区拥有的中小学数量连 1000 所都不到，分别为 987 所和 922 所。学校的绝对数量与当地适龄人口相关，但也不排除当地人享受到的教育基本公共服务数量和质量层次较低的可能性。

中西部地区各地义务教育学校数量中均为小学数量大于初中数量且同样差距较大，如图 4.78 所示。

从中西部地区的总体义务教育情况来看，甘肃省、山西省和内蒙古自治区的师生配置条件较为优越，平均 1 个专任教师对应的在校学生数均为 12~13 个，在中西部地区里位于前列；而广西壮族自治区的师生配置条件最差，平均 1 个专任教师对应的在校学生数超过了 17 个，在中西部地区里处于相对落后状态且差距较多。其余省（自治区、直辖市）平均 1 个专任教师对应的在校学生数均在 13~17 个之间，且差距不大。如图 4.79 所示。

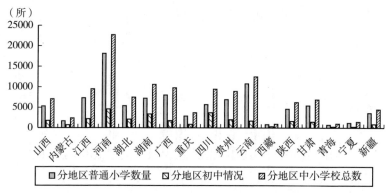

图 4.78　中西部地区各地义务教育学校数量

数据来源：北京，国家统计局，中国统计出版社《中国社会统计年鉴 2019》4–36 分地初中情况（2019 年）、4–37 分地区普通小学情况（2019）。

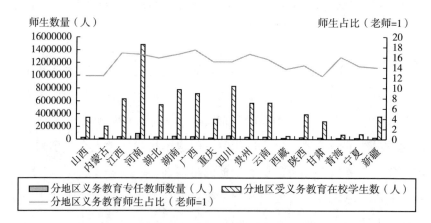

图 4.79　中西部地区义务教育师生数量及占比

数据来源：北京，国家统计局，中国统计出版社《中国社会统计年鉴 2019》4–36 分地初中情况（2019 年）、4–37 分地区普通小学情况（2019）。

其中，甘肃省、内蒙古自治区和山西省的普通小学师生配置条件较为优越，平均 1 个专任教师对应的在校学生数均为 13～14 个，在中西部地区里位于前列；而广西壮族自治区的师生配置条件最差，平均 1 个专任教师对应的在校学生数超过了 18.5 个；湖南省、贵州省和湖北省的则相对较差。可以看出，中西部地区普通小学的师生配置条件里，除个别省份较为优越以及个别省份相对较差外，其他省（自治区、直辖市）较为平均。如图 4.80 所示。

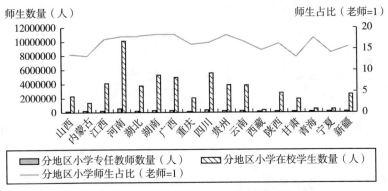

图 4.80　中西部地区普通小学师生数量及占比

数据来源：北京，国家统计局，中国统计出版社《中国社会统计年鉴 2019》4－37 分地区普通小学情况（2019）。

山西省、甘肃省和新疆维吾尔自治区的初中师生配置条件较好，平均 1 个专任教师对应的在校学生数均在 10～11 个，在中西部地区里位于前列。而江西省和广西壮族自治区的师生配置条件相对较差，平均 1 个专任教师对应的在校学生数超过了 15 个，在中西部地区里处于相对落后状态。其余省（自治区、直辖市）的平均 1 个专任教师对应的在校学生数均在 11～15 个，差距不大，约为中西部地区初中师生配置的平均水平。如图 4.81 所示。

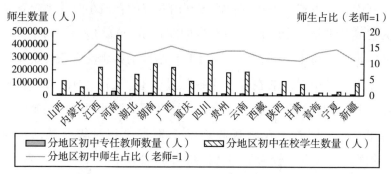

图 4.81　中西部地区初中师生数量及占比

数据来源：北京，国家统计局，中国统计出版社《中国社会统计年鉴 2019》4 – 36 分地初中情况（2019 年）。

三、中西部地区卫生医疗区域差异现状

各级医院建设情况：中西部地区的各级医院建设情况中，四川省和湖北省的三级医院数量最多，西藏自治区、宁夏回族自治区和青海省最少，其他省则差距不大。四川省、河南省和湖南省的二级医院数量最多，均超过 500 个，同样西藏自治区、宁夏回族自治区和青海省的二级医院数量也是最少的。一级医院中则是河南省最多，超过 1000 个，为 1023 个；其次是贵州省，有 672 个；其他省份均未超过 500 个；而青海省的一级医院格外少，仅有 12 个。从各级医院建设总量来看，四川省位居第一，且数量超过 2000 个；大多数省（自治区、直辖市）的数量是在 500～1500 个；西藏自治区数量最少，仅有 156 个。可以看出，中西部地区的各级医院建设水平除西藏自治区、宁夏回族自治区和青海省外较为均衡，但这落后的三个省与其他省（自治区、直辖市）的各级医院建设差距都较大。如表 4 – 14 所示。

表4-14　　　　　　　　　中西部地区各级医院建设情况　　　　　　单位：个

地区	三级医院	二级医院	一级医院	合计
山西	61	378	304	1405
内蒙古	88	313	282	794
江西	85	238	195	807
河南	95	546	1023	1974
湖北	136	343	269	1035
湖南	94	508	498	1616
广西	79	292	212	678
重庆	54	235	325	846
四川	217	637	440	2417
贵州	62	332	672	1340
云南	79	405	344	1376
西藏	13	36	61	156
陕西	71	379	327	1208
甘肃	41	216	75	719
青海	20	96	12	220
宁夏	15	81	84	219
新疆	53	232	485	917

数据来源：北京，国家统计局，中国统计出版社《中国社会统计年鉴2020》3-4分地区分等级医院情况（2019）。

　　计算可得中西部地区各地平均每医院对应人数，广西壮族自治区的人数最多且是唯一一个超过7000人的，高达73933之多；其次是江西省、湖北省和河南省，分别是55996人、55800人和50337人；其他省（自治区、直辖市）均未超过5000且差距不大。可以看出，中西部地区的医院承载压力除少数省（自治区、直辖市）较高外，其他省（自治区、直辖市）较为平均。如图4.82所示。

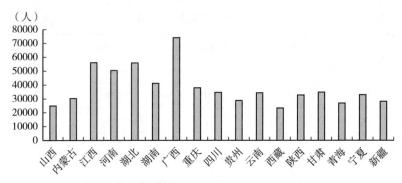

图 4.82　中西部各地区平均每医院对应人数

数据来源：北京，国家统计局，中国统计出版社《中国社会统计年鉴 2020》3 – 4 分地区分等级医院情况（2019）。

　　全科医生数量差异：从全科医生人数的绝对数量上来看，中西部地区各地全科医生数量发展并不均衡，大体呈现东多西少的态势。其中全科医生人数最多的省份是河南、四川和湖南三省，分别拥有22763 位、17838 位和 16761 位全科医生；但同时西藏自治区全科医生数还未达到 1000 人，仅为 642 人；而青海和宁夏也仅仅分别拥有全科医生 1500 余人。如图 4.83 所示。

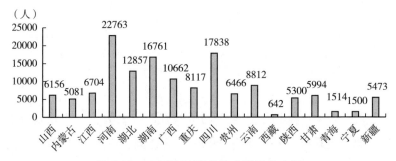

图 4.83　中西部地区各地全科医生人数

数据来源：北京，国家统计局，中国统计出版社《中国社会统计年鉴 2020》3 – 13 分地区全科医生数（2019）。

　　从每万人全科医生人数上来看，中西部地区除陕西省、西藏自治区、江西省、山西省四地每万人全科医生未达到 2 人外，其余区域每万人全科医生均为 2～3 人。然而江西省与陕西省每万人全科医生人数仅为 1.4 人。由此可见，在每万人全科医生数这项指标中，中西部地区发展较为平均，但发展水平均不是很高，尤其是江西省与陕西省。如图 4.84 所示。

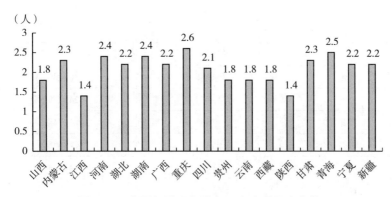

图 4.84 中西部地区各地每万人全科医生人数

数据来源：北京，国家统计局，中国统计出版社《中国社会统计年鉴 2020》3－13 分地区全科医生数（2019）。

医疗机构床位数差异：西藏自治区医疗机构床位在医院的集中性最强，四川省和河南省最弱。从总床位数来看，河南省和四川省最多，超过了 60 万个；而西藏自治区、宁夏回族自治区和青海省却没有超过 10 万个，其间相差近 50 万个。可以看出，中西部地区的医疗卫生机构床位极其不均，且大多数省（自治区、直辖市）的床位数并不多。如表 4－15 所示。

表 4－15　　　　　中西部地区各地医疗卫生机构床位数　　　　单位：个

地区	合计	医院
山西	218441	175047
内蒙古	161083	128769

地区	合计	医院
江西	267135	189562
河南	640147	481174
湖北	403300	288159
湖南	506330	365129
广西	277357	188283
重庆	231806	171092
四川	631763	469814
贵州	264986	205789
云南	311899	241339
西藏	17063	12748
陕西	265814	215683
甘肃	181172	142943
青海	41443	34573
宁夏	40971	235427
新疆	186426	144736

数据来源：北京，国家统计局，中国统计出版社《中国社会统计年鉴 2020》3 – 17 分地区医疗卫生机构床位（2019 年）。

中西部地区每床位对应人数中，西藏自治区的人数最多，约有 214 人；广西回族自治区和宁夏回族自治区其次；湖南省和四川省的人数最低，均未超过 135 人；其余省（自治区、直辖市）的人数也较低。如图 4.85 所示。

人均医药费使用差异：四川省的费用最低，为 129.8 元，且仅占到居民人均可支配收入的 0.53%。相比之下，重庆市的费用最高，达到 329.9 元，其次是湖南省达到 320.2 元，分别占到居民人均可支配收入的 1.14% 和 1.15%，在中西部地区是最高的费用和比例；其余省（自治区、直辖市）的费用均未超过 300 元，占居民人均可支配

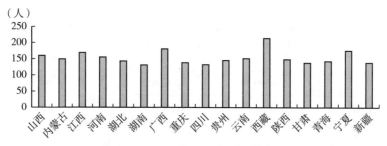

图 4.85　中西部地区每床对应人数

数据来源：北京，国家统计局，中国统计出版社《中国社会统计年鉴 2020》3 - 17 分地区医疗卫生机构床位（2019 年）。

收入的比例较小，但差距不大。可以看出，中西部地区的门诊病人次均医药费较为平均但都较高，除了四川省格外低，个别省份虽然门诊病人次均医药费较低但是由于居民人均可支配收入也不高，所以其实占到的比例也不低。如表 4 - 16 所示。

表 4 - 16　　　　　中西部地区各地门诊病人次均医药费状况

地区	门诊病人次均医药费（元）	居民人均可支配收入（元）	门诊病人次均医药费占人均可支配收入比例（%）
山西	271.30	23828.50	1.14
内蒙古	271.40	30555.00	0.89
江西	277.40	26262.40	1.06
河南	212.00	23902.70	0.89
湖北	265.60	28319.50	0.94
湖南	320.20	27679.70	1.16
广西	221.70	23328.20	0.95
重庆	329.90	28920.40	1.14
四川	129.80	24703.10	0.53
贵州	252.60	20397.40	1.24
云南	219.10	22082.40	0.99
西藏	220.10	19501.30	1.13

地区	门诊病人次均医药费（元）	居民人均可支配收入（元）	门诊病人次均医药费占人均可支配收入比例（%）
陕西	256.90	24666.30	1.04
甘肃	210.50	19139.00	1.10
青海	235.40	22617.70	1.04
宁夏	242.60	24411.90	0.99
新疆	245.60	23103.40	1.06

数据来源：北京，国家统计局，中国统计出版社《中国社会统计年鉴2020》3-28分地区医院门诊和住院病人人均医药费用（2019年）。

中西部地区各地住院病人次均医药费状况中，甘肃省和贵州省的费用最低，分别为6168.9元和6177.6元，其占到居民人均可支配收入的比例也较低；内蒙古自治区的费用占居民人均可支配收入比例最低，为29%。相比之下，湖北省费用最高，为9793.9元，其占到居民人均可支配收入的34.58%，在中西部地区属于中等水平。而西藏自治区和山西省的费用占居民人均可支配收入的比例较高，均超过了40%；西藏自治区最高，为47.76%，且费用较高。可以看出，中西部地区的住院病人次均医药费情况极其不均，且占居民人均可支配收入比例较高。如表4-17所示。

表4-17　　　　　中西部地区各地住院病人次均医药费状况

地区	住院病人次均医药费（元）	居民人均可支配收入（元）	住院病人次均医药费占人均可支配收入比例（%）
山西	9698.80	23828.50	40.70
内蒙古	8861.50	30555.00	29.00
江西	8583.10	26262.40	32.68
河南	8662.50	23902.70	36.24

续表

地区	住院病人次均医药费（元）	居民人均可支配收入（元）	住院病人人次均医药费占人均可支配收入比例（%）
湖北	9793.90	28319.50	34.58
湖南	8433.10	27679.70	30.47
广西	9280.60	23328.20	39.78
重庆	8527.50	28920.40	29.49
四川	8528.00	24703.10	34.52
贵州	6177.60	20397.40	30.29
云南	6480.80	22082.40	29.35
西藏	9314.60	19501.30	47.76
陕西	7933.70	24666.30	32.16
甘肃	6168.90	19139.00	32.23
青海	9376.60	22617.70	41.46
宁夏	8086.90	24411.90	33.13
新疆	7857.50	23103.40	34.01

数据来源：北京，国家统计局，中国统计出版社《中国社会统计年鉴 2020》3 - 28 分地区医院门诊和住院病人人均医药费用（2019 年）。

医疗服务差异（门诊和住院）：从总门诊诊疗人次数上看，河南省和四川省门诊诊疗人次数最多，分别为 61020 万人次和 56026 万人次；但同时西藏自治区，青海省和宁夏回族自治区等地区都还未达到 5000 万人次，仅仅分别为 1634 万人次、2659 万人次和 4358 万人次，与中西部其他地区均较大差距。从居民平均就诊次数来看，中西部地区发展较为平均，但发展程度不太高，仅仅有四川省、河南省和宁夏回族自治区达到了 6 次以上，分别为 6.69 次、6.33 次和 6.27 次。由此可以看出，中西部地区各地的门诊服务情况较为不均，整体发展水平不高。如表 4 - 18 所示。

表 4 - 18　　　　　　　　中西部地区各地门诊服务情况

地区	门诊诊疗人次数（万人次）	居民平均就诊次数（次）
山西	13146	3.53
内蒙古	10701	4.21
江西	23628	5.06
河南	61020	6.33
湖北	35383	5.97
湖南	28098	4.06
广西	26131	5.27
重庆	17548	5.62
四川	56026	6.69
贵州	17580	4.85
云南	28244	5.81
西藏	1634	4.66
陕西	20899	5.39
甘肃	12689	4.79
青海	2659	4.37
宁夏	4358	6.27
新疆	12032	4.77

数据来源：北京，国家统计局，中国统计出版社《中国社会统计年鉴 2020》3 - 20 分地区医疗卫生机构门诊服务情况（2019 年）。

从总入院人数上看，河南省与四川省入院人数最多，分别为 2021.7 万人和 1981.6 万人。但同时西藏自治区入院人数仅为 30 余万人，青海省与宁夏回族自治区也仅为 100 余万人，与中西部其他地区差距非常大。从居民年住院率来看，中西部大部分地区有较高发展水平，有 10 地达到了 20% 以上。西藏自治区居民年住院率仅为 8.7%，为中西部地区最低，且与其他区域均有较大差距。由此可以看出中西部各地在住院服务情况上发展大多数地区较为均衡，但也存在如西藏自治区等地方在该项数据上极度落后，如表 4-19 所示。

表 4-19　　　　　　　　中西部地区各地住院服务情况

地区	入院人数（万人）	居民年住院率（%）
山西	501.5	13.4
内蒙古	362.5	14.3
江西	884.4	19.0
河南	2021.7	21.0
湖北	1368.8	23.1
湖南	1616.2	23.4
广西	1046.4	21.1
重庆	752.9	24.1
四川	1981.6	23.7
贵州	860.1	23.7
云南	1011.5	20.8
西藏	30.6	8.7
陕西	819.3	21.1
甘肃	520.1	19.6
青海	106	17.4
宁夏	123.3	17.7
新疆	589.7	23.4

数据来源：北京，国家统计局，中国统计出版社《中国社会统计年鉴 2020》3-21 分地区医疗卫生机构住院服务情况（2019 年）。

四、中西部地区社会保障区域差异现状

养老保险参保人数及比例差异:根据《中国社会统计年鉴2020》,中西部地区各地中,河南省参加养老保险的人数极多,高达5196.6万人,占比也较高,为52.3%。甘肃省的占比最高,为54.5%。西藏自治区和宁夏回族自治区的人数最少,均未超过200万人,且宁夏回族自治区和新疆维吾尔自治区的占比未超过30%。其余大部分省(自治区、直辖市)的占比均在30%~50%。可以看出,中西部地区养老参保率较为平均且平均参保率较高。如图4.86所示。

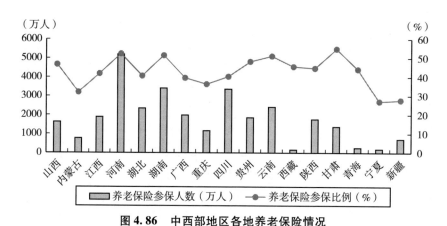

图4.86 中西部地区各地养老保险情况

数据来源:北京,国家统计局,中国统计出版社《中国社会统计年鉴2020》7-3分地区城乡居民基本养老保险情况(2019年)。

工伤保险参保人数及比例差异:四川省参加工伤保险的人数最多,有1177.1万人,占比也是最高,为20.7%。西藏自治区和青海省的人数最少,均未超过100万人。广西壮族自治区的占比最低,仅有8.8%。另外还有云南省、河南省和甘肃省的占比未超过

10%，大部分省（自治区、直辖市）的占比在 10% ~ 20%。可以看出，中西部地区工伤保险的普及较为不均且普及程度较低。如表 4 - 20 所示。

表 4 - 20　　　　　　　中西部地区各地工伤保险情况

地区	工伤保险参保人数（万人）	参保人数比例（%）
山西	624.20	17.88
内蒙古	338.40	14.07
江西	539.40	11.94
河南	966.20	9.72
湖北	717.60	12.43
湖南	807.60	12.15
广西	442.20	8.82
重庆	661.70	20.64
四川	1177.10	20.70
贵州	408.50	10.59
云南	438.50	9.29
西藏	36.80	10.09
陕西	577.40	14.61
甘肃	244.10	9.76
青海	74.00	12.49
宁夏	119.60	16.60
新疆	324.80	12.56

数据来源：北京，国家统计局，中国统计出版社《中国社会统计年鉴 2020》7 - 8 分地区工伤保险情况（2019 年）。

失业保险参保人数及比例差异：中西部地区各地中，四川省参加失业保险的人数最多,高达 953.5 万人,河南省人数,但两地占比都不高。西藏自治区的人数最少,仅有 25.3 万人,占比较少,为 6.9%。重庆市的占比最高,有 16.1%,云南省的占比最低,仅有 6.1%,其余省份大多数占比未超过 10%。可以看出,中西部地区各地失业保险的普及较为平均但普及程度较低。如图 4.87 所示。

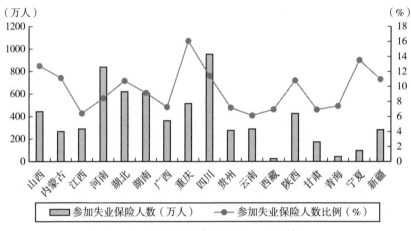

图 4.87 中西部地区各地失业保险情况

数据来源:北京,国家统计局,中国统计出版社《中国社会统计年鉴 2020》7 - 7 分地区失业保险情况(2019 年)。

医疗保险参保人数及比例差异:贵州省参加医疗保险的人数比例最多,占比达到 180%,有 4186.7 万人办理了医疗保险,说明该地区外出打工人口较多。江西省、河南省、湖南省、广西壮族自治区、重庆省、四川省、陕西省、甘肃省等地均超过了 100%。河南省参保总量为长江三角洲地区中最多,为 10289.8 万人。新疆维吾尔自治区为中西部地区医疗保险参保比例最低的地区,为 78.8%。从中可以看出,中西部地区各地医疗保险的普及较为平均,且普及程度较高。如图 4.88 所示。

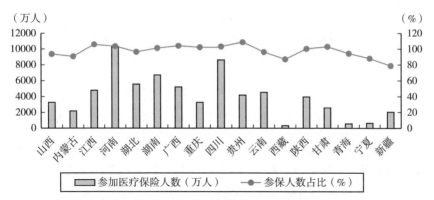

图 4.88 中西部地区各地医疗保险情况

数据来源：北京，国家统计局，中国统计出版社《中国社会统计年鉴 2020》7 - 5 分地区基本医疗保险参保人数（2019 年）。

生育保险参保人数及比例差异：四川省和河南省参加生育保险的人数最多，但占比最高的是重庆市。西藏自治区、青海省和宁夏回族自治区参保人数最少。同时参保比例最低的地区为江西省，参保比例仅为 6.7%。可以看出，中西部地区生育保险的普及程度不均且整体发展较为落后。如图 4.89 所示。

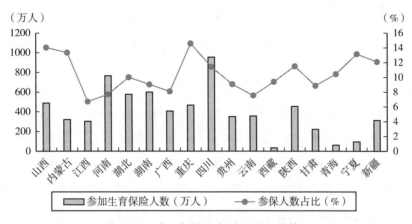

图 4.89 中西部地区各地生育保险情况

数据来源：北京，国家统计局，中国统计出版社《中国社会统计年鉴 2020》7 - 9 分地区生育保险情况（2019 年）。

五、中西部地区文化服务区域差异现状

文化馆建设区域差异：中西部地区各地文化馆建设中，四川省处于绝对领先的位置，有高达 4617 个。其次河南省和湖南省有超过2500 个，但与四川省的差距已近 2000 个。其余省（自治区、直辖市）均未超过 2000 个，西藏自治区、青海省和宁夏回族区均未超过1000 个。宁夏回族自治区最少，仅有 272 个，约为四川省的 1/17。可以看出，中西部地区的文化馆建设非常不均，最多与最少之间相差许多，且平均数量不多。如图 4.90 所示。

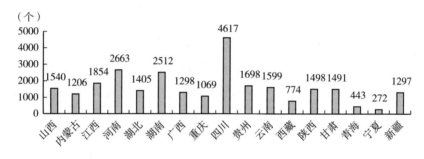

图 4.90 中西部地区各地文化馆（站）情况

数据来源：北京，国家统计局，中国统计出版社《中国社会统计年鉴 2020》9 - 4 分地区文化馆（站）基本情况（2019 年）。

公共图书馆建设区域差异：中西部地区各地公共图书馆建设中，四川省有高达 206 个公共图书馆，是中西部地区唯一一个拥有超过200 个公共图书馆的省份。其次是河南省和云南省，超过 150 个。宁夏回族自治区仅有 27 个，是唯一一个拥有少于 50 个公共图书馆的省份。重庆市作为一个城市却拥有 43 个公共图书馆已经算较多的了。藏书数量上，湖北省和四川省拥有最多的藏书，分别高达 4221 万册（件）和 4127 万册（件）；西藏自治区的藏书极少，仅有 245 万册

（件），青海省和宁夏回族自治区的藏书也未超过 1000 万册（件），其余省份的藏书均在 1000 万 ~ 3000 万册（件）。可以看出，中西部地区的博物馆建设非常不均，且平均水平较低。如表 4 - 21 所示。

表 4 - 21   中西部地区各地公共图书馆及藏书情况

地区	公共图书馆（个）	总藏量（万册（件））
山西	128	2026
内蒙古	117	1996
江西	114	2659
河南	164	2409
湖北	116	4221
湖南	141	2567
广西	116	2902
重庆	43	1901
四川	206	4127
贵州	98	1606
云南	151	2338
西藏	81	245
陕西	111	2097
甘肃	104	1700
青海	52	494
宁夏	27	749
新疆	107	1490

数据来源：北京，国家统计局，中国统计出版社《中国社会统计年鉴 2020》9 - 3 分地区公共图书馆基本情况（2019 年）。

中西部地区各地人均公共图书藏量中，仅宁夏回族自治区的人均藏书量超过 1 册，为 1.08 册。河南省、贵州省和云南省最少，均未超过 0.5 册。其他省（自治区、直辖市）的人均藏书量也较低，在

0.5～1 册。可以看出，中西部地区的人均公共图书藏量较为平均且平均水平较低。如图 4.91 所示。

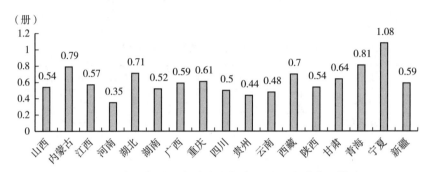

图 4.91　中西部地区各地人均拥有公共图书馆藏量情况

数据来源：北京，国家统计局，中国统计出版社《中国社会统计年鉴 2020》9 - 3 分地区公共图书馆基本情况（2019 年）。

博物馆建设区域差异：河南省和陕西省的博物馆数量最多且超过300 个；四川省较多，有 258 个；而西藏自治区和青海省均未超过 50 个，分别仅有 9 个和 24 个；其他省（自治区、直辖市）在 50～250 个，差距较大。从文物藏品数量上看，四川省和陕西省的数量最为丰富，分别高达 4588431 件/套和 3852109 件/套；其次是湖北省有2137117 件/套；其余省（自治区、直辖市）则均在 2000000 件/套以下，大部分西部的省（自治区、直辖市）更是未超过 500000 件/套。可以看出，中西部地区博物馆建设较为不均且大部分西部地区差距较大。如表 4 - 22 所示。

表 4 - 22　　　　　　　中西部地区各地博物馆情况

地区	博物馆数量（个）	文物藏品（件/套）
山西	159	1445779
内蒙古	172	1183832
江西	172	601851

地区	博物馆数量（个）	文物藏品（件/套）
河南	336	1200736
湖北	214	2137113
湖南	122	648179
广西	142	387903
重庆	105	596494
四川	258	4588431
贵州	92	192149
云南	161	156085
西藏	9	72012
陕西	309	3852109
甘肃	226	564617
青海	24	74172
宁夏	54	346058
新疆	81	223485

数据来源：北京，国家统计局，中国统计出版社《中国统计年鉴》23－28 分地区博物馆基本情况（2020 年）。

文化事业费用区域差异：中西部地区各地文化事业费用及占财政支出比重情况中，四川省和湖北省的费用最高，超过 400000 万元，分别为 472219 万元和 420234 万元。其次是云南省和湖南省费用超过 350000 万元。宁夏回族自治区的费用最低甚至未超过 100000 万元，仅有 82222 万元。其他省（自治区、直辖市）的费用均在 100000 万～350000 万元，跨度较大。从其占财政支出比重看，青海省和云南省的比重最高，分别占到 0.68% 和 0.67%；其余省（市、自治区）均在 0.3～0.6。可以看出，中西部地区各地文化事业费用支出较为平均且平均支出水平较低。如图 4.92 所示。

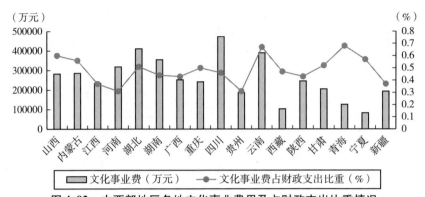

图 4.92　中西部地区各地文化事业费用及占财政支出比重情况

数据来源：北京，国家统计局，中国统计出版社《中国社会统计年鉴 2020》9－7 分地区文化事业费及占财政比重。

六、中西部地区残疾人服务区域差异现状

残疾人康复机构数量区域差异：根据《中国残疾人事业统计年鉴》，中西部地区各地残疾人康复机构建设情况中，河南省、湖南省和广西壮族自治区超过 400 个。河南省最多，为 498 个。西藏自治区、宁夏回族自治区和青海省均未超过 100 个，其中西藏自治区仅有 11 个，其余大部分省（自治区、直辖市）均拥有超过 200 个。可以看出，中西部地区各地残疾人康复机构较为平均，仅少数省（自治区）数量极少。如图 4.93 所示。

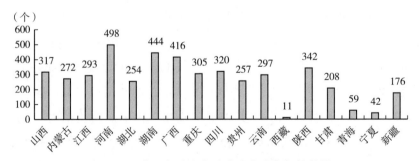

图 4.93　中西部地区各地残疾人康复机构数量

数据来源：北京，国家统计局，中国统计出版社《中国残疾人事业统计年鉴》4－1－4 康复机构。

残疾人健身活动参加情况区域差异：中西部地区各地残疾人健身活动参加情况中，仅重庆市和陕西省达到 5000 人次，且重庆市高达 8200 人次。青海省较高，达到 3500 人次。其余省（自治区、直辖市）均为 1000 及以下人次，差距显著。可以看出，中西部地区各地残疾人健身活动参加人次仅少数省（自治区、直辖市）较多，大部分省（自治区、直辖市）极少但较为平均。如图 4.94 所示。

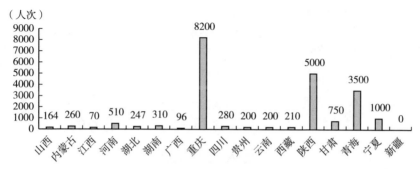

图 4.94 中西部地区各地残疾人健身活动参加情况

数据来源：北京，国家统计局，中国统计出版社《中国残疾人事业统计年鉴》4－9－1 体育。

残疾居民参加社会养老保险差异：中西部地区各地残疾居民参加社会养老保险情况中，河南省最高，达到 284 万人，是中西部地区最多的。其次是四川省有 242.4 万人。其余省（自治区、直辖市）均未超过 150 万人，而西藏自治区、青海省和宁夏回族自治区均未超过 50 万人。参保比例中，甘肃省高达 117.9%，其他省（省、自治区）也约在 60% 以上，除了西藏自治区仅有 45.5%。可以看出，中西部地区各地残疾居民参加社会养老保险情况较为不均，但参保比例都较高。如图 4.95 所示。

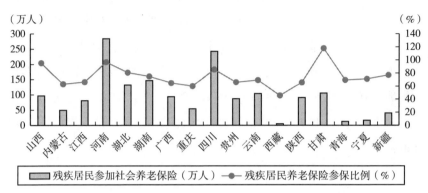

图 4.95 中西部地区各地残疾居民参加社会养老保险情况

数据来源：北京，国家统计局，中国统计出版社《中国社会统计年鉴 2020》7 - 27 分地区残疾人参加社会保险情况。

第六节 东北地区基本公共服务的
地区差异现状

东北地区是中国东北方向国土的统称。土地面积 145 万平方公里，总人口 1.2 亿人。由黑龙江省、辽宁省和吉林省以及内蒙古东五盟市构成，主要区域是东北三省。东北地区资源种类和数量丰富，蕴藏着丰富的野生动植物资源，不但是我国许多木材和矿产产业的原材料产地，还是全国生产石油最多的地区。

一、东北部地区经济发展水平和公共财政现状

根据《中国统计年鉴》，截至 2020 年年底，东北三省地区总人口 9851 万人，占全国人口 7.0%。其中黑龙江省人口为 3185 万人，

辽宁省人口为 4259 万人，吉林省为 2407 万人。[①] 2020 年，东北三省地区生产总值合计 51125 亿元，占全国 5.0%。其中辽宁省生产总值高达 25115 亿元，远超黑龙江省和吉林省，基本占到东北三省生产总值一半，第二产业和第三产业相对发达，三省的人均生产总值相差不大，均在 4 万 ~6 万元。[②]

截至 2020 年年底，东北三省地区一般公共总预算收入为 4893 亿元，占全国 4.9%。其中黑龙江省一般公共预算收入为 1153 亿元，辽宁省一般公共预算收入为 2656 亿元，吉林省一般公共预算收入为 1085 亿元[③]。东北三省地区一般公共总预算支出为 15591 亿元，占全国 7.4%。其中黑龙江省一般公共预算支出为 5449 亿元，辽宁省一般公共预算支出为 6014 亿元，吉林省预算支出为 4127 亿元。可以看出，东北三省地区一般公共预算总支出超出总收入两倍，财政赤字严重。[④]

二、东北部地区义务教育区域差异现状

义务教育经费支出差异：东北部各地区一般公共预算教育经费中，三省均为超过 1000 亿元，辽宁省最高为 704.28 亿元，吉林省最低为 497.16 亿元，三省之间一般公共预算教育经费差异均在 1000 亿元左右，相比而言差距不大，处于相对均衡状态。如图 4.96 所示。

---

① 数据来源：北京，国家统计局，中国统计出版社《中国统计年鉴 2020》2 - 21 分地区分性别、民族的人口数（2020 年）。
② 数据来源：北京，国家统计局，中国统计出版社《中国统计年鉴 2020》3 - 9 地区生产总值（2020 年）。
③ 数据来源：北京，国家统计局，中国统计出版社《中国统计年鉴 2020》7 - 5 分地区一般公共预算收入（2020 年）。
④ 数据来源：北京，国家统计局，中国统计出版社《中国统计年鉴 2020》7 - 6 分地区一般公共预算支出（2020 年）。

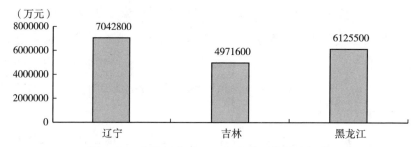

图 4.96　东北部各地区一般公共预算教育经费

数据来源：北京，国家统计局，中国统计出版社《中国社会统计年鉴 2019》4 - 46 分地区一般公共预算教育经费增长情况（2019 年）。

东北部各地区人均一般公共预算教育经费中，吉林省最高为2065 余元，黑龙江省和辽宁省均未超过 2000 元。辽宁省最低，为1653 余元；黑龙江省为 1923 余元。黑龙江省和吉林省人均一般公共预算教育经费差距极微，处于东北地区人均一般公共预算教育经费平均水平之上，相比而言辽宁省则存在一定差距。可以看出，东北地区的人均一般公共预算教育经费较为平均但数额较低，保障了均衡却没有保障提升。如图 4.97 所示。

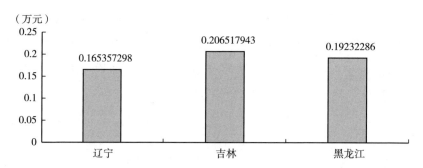

图 4.97　东北部地区各地人均一般公共预算教育经费

数据来源：北京，国家统计局，中国统计出版社《中国社会统计年鉴 2019》4 - 46 分地区一般公共预算教育经费增长情况（2019 年）。

辽宁省、吉林省和黑龙江省的一般公共预算教育经费占一般公共预算支出的比例均为 12% ~ 13% ，较为平均但水平较低。辽宁省和黑龙江省在该年的一般公共预算经费比上一年均有增长。辽宁省的增长比例最高，为 7.74% ；而吉林省的一般公共预算教育经费比上一年有所减少，降低了 2.25% 。辽宁省的一般公共预算经费与财政经常性收入增长幅度比较最高且超过 10% ，为 10.12% ；其次是吉林省为 8.42% ；黑龙江省最低，为 5.78% 。结合东北地区这三项数据可以看出，东北地区对基本公共教育的重视程度均较低，但辽宁省的重视程度相比上升趋势更大，其和黑龙江省在一般公共预算教育经费的投入在增加，吉林省虽然重视程度上升趋势也较明显但投入下降。如图 4.98 所示。

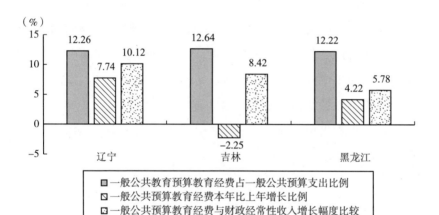

图 4.98　东北部地区各地一般公共预算教育经费差异现状

数据来源：北京，国家统计局，中国统计出版社《中国社会统计年鉴 2019》4 - 46 分地区一般公共预算教育经费增长情况（2019 年）。

数据显示，在东北地区受过完整义务教育人数占比中，辽宁省的比值较高，约为 78.9% 。黑龙江省和吉林省的比值虽然较低但差距很小，与辽宁省的比值差距也不大，分别约为 75.5% 和 75% 。可以看出，东北地区的受教育程度较为平均且平均水平较高。如图 4.99 所示。

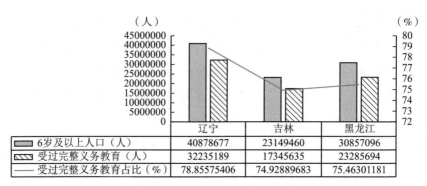

图4.99 东北部地区受教育程度

数据来源：北京，国家统计局，中国统计出版社《中国统计年鉴2020》2-24分地区按性别、受教育程度分的6岁及以上人口（2020年）。

东北部地区中从绝对数值上看，辽宁省拥有4494所学校；吉林省拥有4917所学校；拥有学校最少的是黑龙江省，为2851所学校。东北部地区各地义务教育学校数量中均为小学数量大于初中数量。但其中黑龙江中小学校发展较为均衡，小学数量仅约为初中的1.1倍；而辽宁省小学数量约为初中的2倍，吉林省小学数量约为初中的3.2倍。由此可以看出东北部地区各地中小学学校数量均等化水平较低。如图4.100所示。

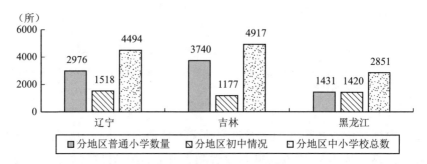

图4.100 东北部地区各地义务教育学校数量

数据来源：北京，国家统计局，中国统计出版社《中国社会统计年鉴2019》4-36分地区初中情况（2019年）、4-37分地区普通小学情况（2019年）。

从东北地区的总体义务教育情况来看，辽宁省的师生配置条件最为优越，平均1个专任教师只对应约8.8个在校学生。吉林省和黑龙江省的师生配置条件相对较差，但两者之间差距不大，且在全国相对处于优越位置。可以看出，东北地区基本公共教育的师生配置条件里，辽宁省绝对领先，其他两省较为平均且较好，地区总体的师生配置条件较为平均且平均水平较高。如图4.101所示。

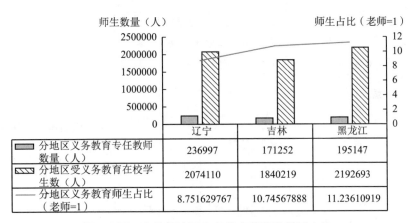

图4.101　东北部地区义务教育师生数量及占比

数据来源：北京，国家统计局，中国统计出版社《中国社会统计年鉴2019》4-36分地初中情况（2019年）、4-37分地区普通小学情况（2019年）。

　　其中，辽宁省的普通小学师生配置条件最为优越，平均1个专任教师只对应约7.7个在校学生。吉林省和黑龙江省的师生配置条件相对较差，但两者之间差距不大，且在全国相对处于优越位置。如图4.102所示。

　　吉林省的初中师生配置条件较为优越，平均1个专任教师对应约9.9个在校学生。可以看出，东北地区初中的师生配置条件较为平均且平均水平较高。如图4.103所示。可以看出，东北地区普通小学的师生配置条件里，辽宁省领先，其他两省较为平均，地区总体的师生配置条件略有不均。辽宁省和黑龙江省的初中师生配置条件较差，但两者之间差距不大，与吉林省的差距也不大。

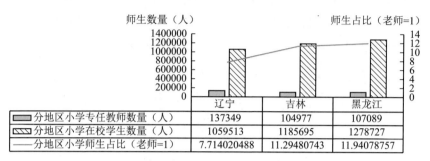

图 4.102　东北部地区普通小学师生数量及占比

数据来源：北京，国家统计局，中国统计出版社《中国社会统计年鉴 2019》4－37 分地区普通小学情况（2019 年）。

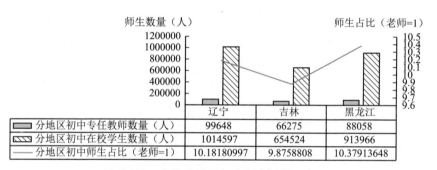

图 4.103　东北部地区初中师生数量及占比

数据来源：北京，国家统计局，中国统计出版社《中国社会统计年鉴 2019》4－36 分地初中情况（2019 年）。

三、东北部地区卫生医疗区域差异现状

东北地区各级医院建设情况：三级医院中三个省份的数量呈阶梯状，辽宁省多于黑龙江省多于吉林省且差距大体一致；黑龙江省和辽宁省的二级医院数量较吉林省多但差距不大；辽宁省的一级医院数量最多，黑龙江省和吉林省较少。从各级医院建设总量上看，辽宁省较多但黑龙江省与之差距不大，两地均超过 1000 个，吉林省则相对较

少。可以看出，东北地区的各级医院建设较为均衡，辽宁省略有领先，黑龙江省紧随其后，吉林省则还存在差距。如图4.104所示。

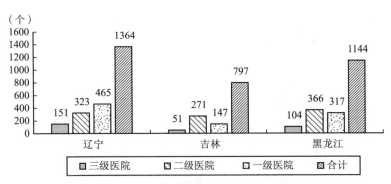

图4.104　东北部地区各级医院建设情况

数据来源：北京，国家统计局，中国统计出版社《中国社会统计年鉴2020》3-4分地区分等级医院情况（2019年）。

东北地区各地平均每医院对应人数，黑龙江省最少，辽宁省和吉林省则较多，但两地差距不大，人数也不大，东北地区的医院承压压力较为均衡且较低。如图4.105所示。

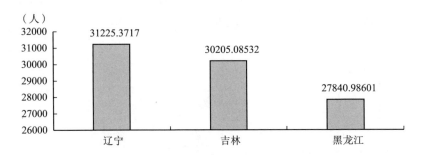

图4.105　东北部各地区平均医院对应人数

数据来源：北京，国家统计局，中国统计出版社《中国社会统计年鉴2020》3-4分地区分等级医院情况（2019年）。

全科医生数量差异：从绝对数量上来看，辽宁省在东北三省中拥有最多的全科医生，为10847人；吉林省拥有7536位全科医生；黑龙江省拥有6593位全科医生。由此可以看出，东北部地区各地区全科医生数相对均衡，但发展水平较其他地区相比并不是很高。如图4.106所示。

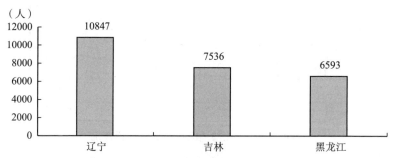

图4.106　东北部地区各地全科医生人数

数据来源：北京，国家统计局，中国统计出版社《中国社会统计年鉴2020》3-13分地区全科医生数（2019年）。

从每万人全科医生人数上来看，辽宁省每万人拥有2.5位全科医生，吉林省每万人拥有2.8位全科医生，黑龙江省每万人拥有1.8位全科医生。由此可以看出，在每万人全科医生数这一方面，东北部地区各地发展较为平均，但发展水平不高。如图4.107所示。

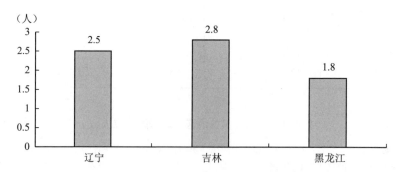

图4.107　东北部地区各地每万人全科医生人数

数据来源：北京，国家统计局，中国统计出版社《中国社会统计年鉴2020》3-13分地区全科医生数（2019年）。

医疗机构床位数差异：东北地区各地的医疗卫生机构床位数中，吉林省和黑龙江省的医疗机构床位在医院的集中性较强。从总床位数来看，吉林省较低，黑龙江省和辽宁省呈递增趋势。可以看出，东北地区的医疗卫生机构床位较为平均，但平均水平较低。如图4.108所示。

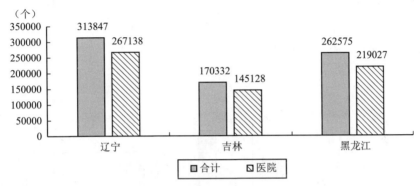

图 4.108　东北部地区各地医疗卫生机构床位数

数据来源：北京，国家统计局，中国统计出版社《中国社会统计年鉴 2020》3 - 17 分地区医疗卫生机构床位（2019 年）。

东北地区每床位对应人数中，吉林省的人数最多，约有 141 人；辽宁省较少；黑龙江省的人数最少，约为 121 人。三地差距并不大。可以看出，东北地区的床位压力较为平均且较小。如图 4.109 所示。

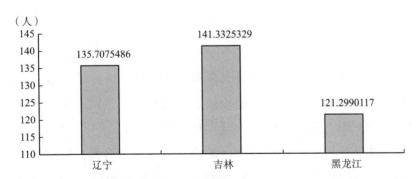

图 4.109　东北部地区每床位对应人数

数据来源：北京，国家统计局，中国统计出版社《中国社会统计年鉴 2020》3 - 17 分地区医疗卫生机构床位（2019 年）。

人均医药费使用差异：东北地区各地门诊病人次均医药费状况中，黑龙江省的费用最低，为281.5元；吉林省高出不多，为289.8元。但是这两地的门诊病人次均医药费占人均可支配收入比例极高，分别为1.16%和1.18%。相比之下，辽宁省的费用虽然较高，但占到其居民人均可支配收入的比例却较低，为1.03%。可以看出，东北地区的门诊病人次均医药费情况略有不均，且占居民人均可支配收入的比例均较高。如图4.110所示。

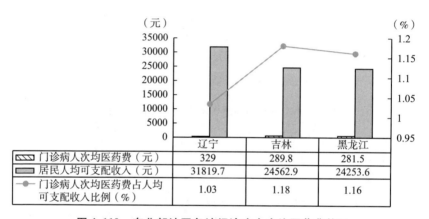

图4.110　东北部地区各地门诊病人次均医药费状况

数据来源：北京，国家统计局，中国统计出版社《中国社会统计年鉴2020》3－28分地区医院门诊和住院病人人均医药费用（2019年）。

东北地区各地住院病人次均医药费状况中，黑龙江省的费用最低，占到黑龙江省居民人均可支配收入的38.23%。辽宁省和吉林省的费用较高但差距不大，但是辽宁省的费用占居民人均可支配收入的比例最低，为32.41%；而吉林省则最高，为42.69%。可以看出，东北地区的门诊病人次均医药费费用较为均衡，但占居民可支配收入比例较为不均，且该比例平均水平较高。如图4.111所示。

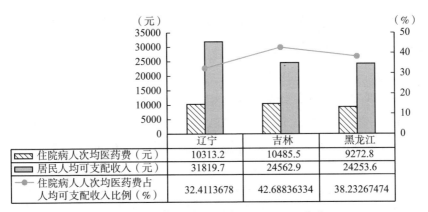

	辽宁	吉林	黑龙江
住院病人次均医药费（元）	10313.2	10485.5	9272.8
居民人均可支配收入（元）	31819.7	24562.9	24253.6
住院病人人次均医药费占人均可支配收入比例（％）	32.4113678	42.68836334	38.23267474

图 4.111　东北部地区各地住院病人次均医药费状况

数据来源：北京，国家统计局，中国统计出版社《中国社会统计年鉴 2020》3 - 28 分地区医院门诊和住院病人人均医药费用（2019 年）。

医疗服务差异现状（门诊和住院）：从总门诊诊疗人次数上看，辽宁省门诊诊疗人次数最多，为 19988 万人次；吉林省同黑龙江省水平差不多，分别为 11042 万人次和 11251 万人次。从居民平均就诊次数来看，辽宁省同样最多，为 4.59 次；吉林省同辽宁省差距不大；黑龙江省处于落后状态，居民平均就诊次数仅为 3 次。由此可以看出，东北部地区各地的门诊服务情况分布较为均匀但整体发展程度不高，其中黑龙江处于整体落后状态。如图 4.112 所示。

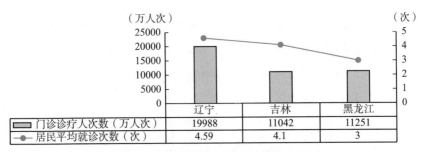

	辽宁	吉林	黑龙江
门诊诊疗人次数（万人次）	19988	11042	11251
居民平均就诊次数（次）	4.59	4.1	3

图 4.112　东北部地区各地门诊服务情况

数据来源：北京，国家统计局，中国统计出版社《中国社会统计年鉴 2020》3 - 20 分地区医疗卫生机构门诊服务情况（2019 年）。

从总入院人数上看，辽宁省入院人数最多，其次为黑龙江省，最少的为吉林省，与辽宁省以及黑龙江省有一定差距。从居民年住院率来看，辽宁省同样最高，为16.3%；排名第二位的为黑龙江省，为16.1%，与辽宁省差距不大。吉林省此项数据依然为东北部地区最低，为14.9%。由此可以看出，东北部地区各地的住院服务情况不够平均，吉林省处与较为落后的状态。如图4.113所示。

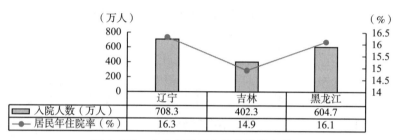

（万人）	辽宁	吉林	黑龙江
入院人数（万人）	708.3	402.3	604.7
居民年住院率（%）	16.3	14.9	16.1

图4.113　东北部地区各地住院服务情况

数据来源：北京，国家统计局，中国统计出版社《中国社会统计年鉴2020》3－21分地区医疗卫生机构住院服务情况（2019年）。

四、东北部地区社会保障区域差异现状

养老保险参保人数及比例差异：辽宁省参加养老保险的人数最多，为1057.7万人，但占比最低，为24.83%；吉林省和黑龙江省的参保人数较少，占比较高。三地参保率均在20%～30%，人数相差不多。可以看出，东北地区的养老保险参保率较为平均且平均参保率一般。如图4.114所示。

工伤保险参保人数及比例差异：辽宁省参加工伤保险的人数最多，为816.8万人，占比也最高，为19.18%；黑龙江省和吉林省的人数和占比较少，但相差不大。可以看出，东北地区工伤保险的普及较为平均且平均水平一般。如图4.115所示。

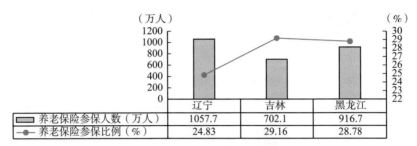

	辽宁	吉林	黑龙江
养老保险参保人数（万人）	1057.7	702.1	916.7
养老保险参保比例（%）	24.83	29.16	28.78

图 4.114　东北部地区各地养老保险情况

数据来源：北京，国家统计局，中国统计出版社《中国社会统计年鉴 2020》7－3 分地区城乡居民基本养老保险情况（2019 年）。

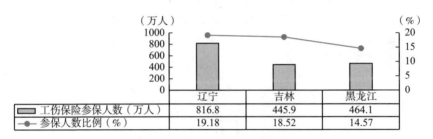

	辽宁	吉林	黑龙江
工伤保险参保人数（万人）	816.8	445.9	464.1
参保人数比例（%）	19.18	18.52	14.57

图 4.115　东北部地区各地工伤保险情况

数据来源：北京，国家统计局，中国统计出版社《中国社会统计年鉴 2020》7－8 分地区工伤保险情况（2019 年）。

失业保险参保人数及比例差异：辽宁省参加失业保险的人数最多，有 668.2 万人，占比达到 15.7%；黑龙江和吉林省的人数较少，占比较低，均在 10% ~ 12%，差距较小。可以看出，东北地区各地失业保险的普及较为平均且普及水平较高。如图 4.116 所示。

医疗保险参保人数及比例差异：辽宁省参加医疗保险的人数最多，为 3894.7 万人，占比达到 91.4%。黑龙江省参保人数有 2837.1 万人，参保比例为东北地区最低但与辽宁省相差不大，为 89%。吉林省参保人数为 2548.1 万人，参保比例是东北地区最高的，约为 105%。从中可以看出，东北地区各地医疗保险的普及较为平均，且普及水平较高。如图 4.117 所示。

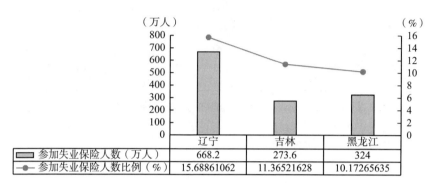

	辽宁	吉林	黑龙江
参加失业保险人数（万人）	668.2	273.6	324
参加失业保险人数比例（%）	15.68861062	11.36521628	10.17265635

图 4.116 东北部地区各地失业保险情况

数据来源：北京，国家统计局，中国统计出版社《中国社会统计年鉴 2020》7-7 分地区失业保险情况（2019 年）。

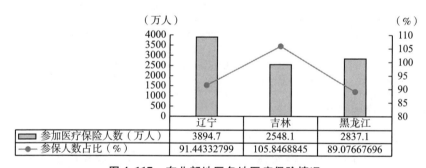

	辽宁	吉林	黑龙江
参加医疗保险人数（万人）	3894.7	2548.1	2837.1
参保人数占比（%）	91.44332799	105.8468845	89.07667696

图 4.117 东北部地区各地医疗保险情况

数据来源：北京，国家统计局，中国统计出版社《中国社会统计年鉴 2020》7-5 分地区基本医疗保险参保人数（2019 年）。

生育保险参保人数及比例差异：辽宁省参加生育保险的人数最多，为 789.5 万人，占比 18.5%。吉林省与黑龙江省参保人数差距不大，分别为 325.3 万人和 343.5 万人。其中黑龙江省参保比例最低，仅为 10.8%。可以看出，东北地区生育保险的普及非常不均且差距较大，黑龙江省较为落后。如图 4.118 所示。

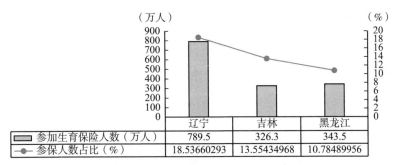

	辽宁	吉林	黑龙江
参加生育保险人数（万人）	789.5	326.3	343.5
参保人数占比（%）	18.53660293	13.55434968	10.78489956

图 4.118 东北部地区各地生育保险情况

数据来源：北京，国家统计局，中国统计出版社《中国社会统计年鉴 2020》7-9 分地区生育保险情况（2019 年）。

五、东北部地区文化服务区域差异现状

文化馆建设区域差异：东北地区各地文化馆建设中，仅有吉林省未超过 1000 个，为 981 个；黑龙江省和辽宁省较多且个数相当，分别为 1430 个和 1546 个，吉林省与两地差距较大。可以看出，东北地区文化馆建设较为不均，平均数量较少。如图 4.119 所示。

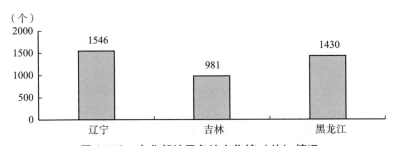

图 4.119 东北部地区各地文化馆（站）情况

数据来源：北京，国家统计局，中国统计出版社《中国社会统计年鉴 2020》9-4 分地区文化馆（站）基本情况（2019 年）。

公共图书馆建设区域差异：无论是公共图书馆的个数还是总藏书量，都是辽宁省多于黑龙江省多于吉林省。吉林省的公共图书馆个数

与其他两地差距较大，仅有 66 个。辽宁省的藏书量远多于黑龙江省和吉林省，从整体情况来看三地存在一定差距。可以看出，东北地区的博物馆建设较为平均，吉林省的整体建设上较落后于平均水平。如图 4.120 所示。

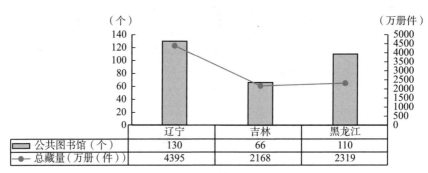

	辽宁	吉林	黑龙江
公共图书馆（个）	130	66	110
总藏量（万册（件））	4395	2168	2319

图 4.120　东北部地区各地公共图书馆及藏书情况

数据来源：北京，国家统计局，中国统计出版社《中国社会统计年鉴 2020》9-3 分地区公共图书馆基本情况（2019 年）。

东北地区各地人均公共图书藏量中，辽宁省多于吉林省多于黑龙江省，且差距都在 0.2 册左右，仅有辽宁省人均超过 1 册。可以看出，东北地区的人均公共图书藏量较为平均，但平均水平一般。如图 4.121 所示。

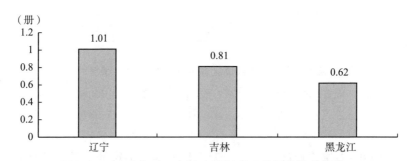

图 4.121　东北部地区各地人均拥有公共图书馆藏量情况

数据来源：北京，国家统计局，中国统计出版社《中国社会统计年鉴 2020》9-3 分地区公共图书馆基本情况（2019 年）。

博物馆建设区域差异：无论从博物馆数量还是文物藏品数量上来看，都是黑龙江省多于吉林省和辽宁省，且辽宁省的两者数量都较少，博物馆仅有 65 个。可以看出，东北地区的博物馆建设较为不均，建设重心相对集中在黑龙江省，但总体建设水平并不算佳。如图 4.122 所示。

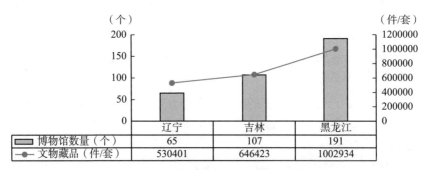

图 4.122 东北部地区各地博物馆情况

数据来源：北京，国家统计局，中国统计出版社《中国统计年鉴》23 – 28 分地区博物馆基本情况（2020 年）。

文化事业费用区域差异：东北地区各地文化事业费用及占财政支出比重情况中，吉林省的费用最高，为 260153 万元；辽宁省和黑龙江省的费用较少但差距不大。从其占财政支出比重看，吉林省的比重最高，占到 0.66%；辽宁省和黑龙江省较低均未到 0.4%。可以看出，东北地区各地文化事业费用支出较为不均，吉林省的文化事业支出较多。如图 4.123 所示。

六、东北部地区残疾人服务区域差异现状

残疾人康复机构数量区域差异：东北地区各地残疾人康复机构建设中，辽宁省最多，有 416 个；吉林省和黑龙江省较少但两者差距较小，分别为 286 个和 279 个。可以看出，东北地区各地残疾人康复机构较为平均，辽宁省比较突出。如图 4.124 所示。

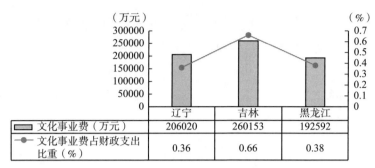

	辽宁	吉林	黑龙江
文化事业费（万元）	206020	260153	192592
文化事业费占财政支出比重（%）	0.36	0.66	0.38

图 4.123　东北部地区各地文化事业费用及占财政支出比重情况

数据来源：北京，国家统计局，中国统计出版社《中国社会统计年鉴 2020》9 - 7 分地区文化事业费及占财政比重。

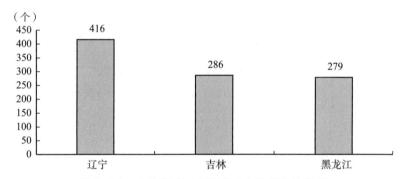

图 4.124　东北部地区各地残疾人康复机构数量

数据来源：北京，国家统计局，中国统计出版社《中国残疾人事业统计年鉴》4 - 1 - 4 康复机构。

　　残疾人健身活动参加情况区域差异：东北地区各地残疾人健身活动参加情况中，仅吉林省达到 9600 人次最高，辽宁省和黑龙江省均未达到 1000 人次。可以看出，京津冀地区各地残疾人健身活动参加情况极其不均且差距极大。如图 4.125 所示。

　　残疾居民参加社会养老保险差异：黑龙江省最多，为 46.2 万人；辽宁省略低；吉林省最低，为 36 万人，差距较小。参保比例中，三地均为 40%～42%，差距极微。可以看出，东北地区各地残疾居民参加社会养老保险情况十分平均，且参保比例较低。如图 4.126 所示。

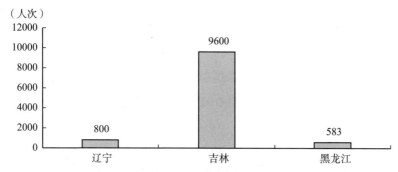

图 4. 125　东北部地区各地残疾人健身活动参加情况

数据来源：北京，国家统计局，中国统计出版社《中国残疾人事业统计年鉴》4－9－1体育。

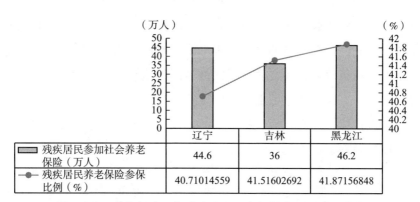

	辽宁	吉林	黑龙江
残疾居民参加社会养老保险（万人）	44.6	36	46.2
残疾居民养老保险参保比例（%）	40.71014559	41.51602692	41.87156848

图 4. 126　东北部地区各地残疾居民参加社会养老保险情况

数据来源：北京，国家统计局，中国统计出版社《中国社会统计年鉴2020》7－27分地区残疾人参加社会保险情况。

第五章

我国基本公共服务均等化区域差异的影响因素

我国基本公共服务体系中，地方之间的差异明显，体现在许多方面。其原因多样。地方基本公共服务供给模式的设计与水平呈现，服务客体基于不同生活与生存条件下所产生的需求的影响，与各地区不同经济社会发展成果和财政部门承受供给公共服务的能力之间产生了巨大差异。由于我国疆土广阔，各地区根据各自的不同自然条件进行发展，在经济社会发展的速度、水平及其财政实力上将会出现很大的差距。在经历改革开放之后，不同区域间的地理位置因素与发展起点之间的差距，决定了东西部各地区政府在建设基本公共服务供给系统时的重点目标指向和任务、标准等的不同，因而产生了明显的区域特征和地方差别。

第一节　基本公共服务均等化区域差异的经济影响因素

一、区域经济发展水平影响基本公共服务资源配置能力

基本公共服务供给水平和标准具有明显的地方差异。我国国家和地方基本公共服务"十二五"规划的共同"亮点"是按照现有经济社会发展的基础水准，从普惠民生的视角出发确定的基本公共服务的

供给水平和标准。这表明基本公共服务的供给能力与国民经济社会发展水平两者呈正相关关系，揭示了地方政府间提供公共服务量质间出现明显差距的主要缘由。由于东、中、西部的经济社会发展水平区域差异明显，导致地方基本公共服务也呈现出差异与潜在发展趋势，可以总结为：东部、中部、西部的公共服务水平呈由高到低的态势。

（一）区域经济基础与基本公共服务均等化水平正相关

1. 经济基础影响区域政府财政收入水平差异

政府财政收入是财政支出的前提，是政府实现其职能的财力保障。现阶段，我国地方财政收入呈现强者越强、弱者越弱的两极分化态势，地方财政收入差距逐渐扩大，区域基本公共服务财政实力异质性明显，影响了区域基本公共服务资源配置差异。

2. 经济基础影响区域政府财政基础

一个地区的经济基础雄厚代表着该地区资金、技术、人才等生产要素的丰富程度，意味着当地经济发展规模较大，财政收入范围和种类较为广泛。因此在提供基本公共服务的过程中，经济较为发达的区域拥有雄厚的资金，通常能够提供种类丰富、质量优异的公共服务。而经济欠发达地区由于经济发展较为滞后，经济基础薄弱，政府的财政收入也随之减少，没有充足的资金为区域基本公共服务均等化提供财力保障。比如前文提到，根据《中国统计年鉴 2020》[①]，京津冀各地区一般公共财政收入为 11233.46 亿元，其中北京市一般公共财政收入为 5483.89 亿元，天津市为 1923.11 亿元，河北省为 3826.46 亿元，三地的经济基础决定了财政收入的显著差异，进而导致在基本公共服务的财政投入方面也有呈现差异。比如，京津冀地区各地区一般公共预算教育经费中，河北省共 11 个城市平均一般公共预算教育经

---

① 数据来源：北京，国家统计局，中国统计出版社《中国社会统计年鉴 2020》4 - 46 分地区一般公共预算教育经费增长情况（2020 年）。

费仅为 138 亿元，为三地最低，而天津市一般公共预算教育经费有
466.81 亿元，但与同为直辖市的北京相差同样巨大，达到了 658.55
亿元之多。在一般公共预算教育经费与财政经常性收入增长幅度比较
中，北京市最高，超过 10%，为 11.4%；天津市和河北省均未超过
5%。河北省最低，仅有 1.35%，与北京市的比值相差较大，有 10
个百分点。天津市的比值与北京市相比差距较大，与河北比领先程度
也不大。结合京津冀地区这几项数据可以看出，京津冀各地区的经济
基础影响区域政府的财政基础，财政收入的区域基本公共服务资金投
入差距，从而产生区域基本公共服务非均等化。

3. 经济基础影响基本公共服务财政自给能力

区域政府财政收入高，政府通过对教育、医疗、技术等方面的公
共财政投入，带动区域内生性经济增长。区域政府财政独立性高，对
中央政府的转移支付依存度低。基本公共服务财政自给能力高，财政
支出较为灵活，能够为区域居民提供针对性强的基本公共服务，基本
公共服务供给质量高。经济基础弱的区域产业链短，产业结构有待优
化，当地财政收入增长缓慢难以满足逐渐增长的公共财政支出的需
要。区域财政收入与支出缺口大，基本公共服务财政自给能力低，需
要长期依靠国家转移支付获得财政收入，否则将难以保证区域基本公
共服务供给数量和质量。例如，西部地区财政实力弱，财政内生动力
不强，政府财政支出严重依赖转移支付，财政利用灵活度低，区域基
本公共服务供给数量和质量与东部地区相比具有较大差异。区域基本
公共服务财政收入差距的持续扩大将阻碍区域基本公共服务均等化
发展。

区域基本公共服务资源投入数量和质量取决于当地经济发展基
础。区域经济基础好意味着当地经济总量和经济质量发展较好，从而
保证基本公共服务资源的数量和质量。

4. 区域经济总量影响基本公共服务投入数量

区域经济总量大，意味着地区总需求和总供给规模大。区域经济

总量影响区域总供给。区域经济总量大的地区通常更愿意投入大量资金进行基础设施建设和产业建设，从而实现经济效益和社会效益，间接带动基本公共服务资源的投入。区域总供给影响区域总需求的发展。区域总供给规模较大，会带动就业规模的扩展，区域居民收入和消费增长，进而带动地区总需求的增加。因此，区域经济总量差异影响区域基本公共服务资源规模。

5. 区域经济高质量发展推动基本公共服务资源高质量发展

区域经济发展到一定阶段，经济发展模式逐渐转型升级，注重对经济的质的提升。首先，经济高质量发展要求区域注重科技创新，区域为增加科技竞争力，加大对教育事业的发展，注重人力资本的培养和吸纳，为经济高质量发展提供人才资源，从而推动区域基本公共服务教育资源的优质发展。其次，区域经济转型升级，区域建设从量的投入到质的提升。经济从高速发展阶段转向高质量发展阶段，经济增长从粗放型转向集约型，更注重经济质量，从而带动教育、医疗卫生、社会保障等基本公共服务质量的发展。因此，经济发展质量影响区域基本公共服务质量。

（二）区域经济要素流动直接影响基本公共服务均等化程度

区域经济发展水平在一定程度上奠定了基本公共服务均等化基础，影响区域基本公共服务供给中人力资本、物质资本等资源要素的流动和积累。同时，区域基本公共服务均等化程度差异也将反作用于资源要素的发展。

充足优质的人力资本在一定程度上取决于当地经济的发展水平。人力资本作为区域基本公共服务均等化供给侧的关键资源要素，其数量和质量的差异将影响区域基本公共服务供给水平。首先，区域经济发展差异会产生虹吸效应。经济发达地区凭借经济优势提供良好的基础设施和社会保障，以优质基本公共服务吸引人才流入。经济落后地区的劳动力要素向经济发达地区集聚，经济落后地区的基本公共服务与经济发达地区两极分化越加明显，由基本公共服务非均等化引发的马太效应愈加凸显。即，发达地区充足优质的人力资本促进当地基本公共服务数量和质量的提升，而经济欠发达地区由于人才资源的流失，即使拥有一定量的基本公共服务也不能发挥吸引人才的作用。最终形成资源要素上引发的基本公共服务非均等化的区域差异。其次，内生性人力资本增长源于当地经济投资。区域经济高质量发展，通过对教育、健康卫生、交通等基础性事业的投资培养当地人力资本的存量和质量，激发内在发展潜力，达到当地人力资本提质增效的目的。这也间接影响基本公共服务领域的发展。由于经济投资受当地经济发展水平的限制，经济基础薄弱地区内生性人力资本的培养能力弱，基本公共服务人力资源受限，从而形成区域基本公共服务资源差异。

物质资本是区域基本公共服务均等化的物质基础，物质资本利用效率影响区域基本公共服务供给水平。比如土地资源作为物质资本的重要组成部分，不仅为基本公共服务提供基础设施建设用地，还通过土地出让收入为基本公共服务供给提供资金来源。区域经济发展水平影响市场机制的发展，市场资源配置平台的一体化、透明化程度影响土地资源的配置效率。经济发达地区市场资源配置能力较为成熟，土地资源的价格、供求等交易信息较为透明，土地资源交易成本较低。反之，经济较为落后地区的市场运行机制尚未完全开发和完善，土地资源通过市场机制进行配置的效率低下，从而影响基本公共服务土地资源的有效利用。

（三）基本公共服务资源空间配置差异

区域经济发展拥有一定的发展战略，通过区域经济一体化发展战略与区域增长极带动周边经济的发展。区域经济空间规划影响区域基本公共服务空间配置。

区域经济一体化进展影响区域基本公共服务资源空间均衡配置。区域经济一体化发展涉及技术、信息、人才、政策等方面的共建共享，通过区域经济一体化战略的实施，构建区域内交通、信息网络，打造区域沟通交流一体化平台，从而推动基本公共服务资源自由流动和共建共享。区域内地方政府基于自身经济发展利益，在经济发展方向、经济发展基础、经济政策制定等方面存在差异，阻碍区域经济一体化进程，从而影响区域基本公共服务资源流动和资源配置，区域基本公共服务资源一体化进展受到限制，资源空间配置不均衡。

区域经济增长极的发展布局影响周边地区资源的单向流动。区域经济发展普遍以一极多核的空间经济发展格局为主要经济布局，经济增长极带动周边经济增长，利用经济发达地区的外溢效应和辐射带动作用影响周边城市经济的发展。同时，一极多核的经济发展布局也会形成虹吸效应，影响周边资源向经济发达地区单向流动。区域基本公共服务资源的单向流动，使区域基本公共服务资源密度在空间上形成差异。区域基本公共服务资源的集中程度高，资源配置的空间均衡程度低。

二、区域经济成熟度影响基本公共服务资源配置方式

如今，区域基本公共服务资源不再仅以政府机制为唯一配置方式，而是追求政府、市场共同参与资源配置的有机结合方式。但是，由于经济发展水平的局限，现阶段区域基本公共服务资源配置过程中，政府仍然占据绝对主导地位，市场在资源配置中发挥的作用仍然较小。政府与市场有机结合的资源配置方式仅在经济发展水平高的区域进行探索和发展，而经济发展水平低的地区仍以政府为主要资源配置方式。这使得基本公共服务资源配置能力形成区域差异。

区域经济成熟度高，建立统一开放、竞争有序的现代化市场经济体系，为公共资源配置提供规范的市场交易平台，为市场化资源配置营造良好的交易环境，极大地发挥了市场化配置的优势。反之，区域经济成熟度低，现代化市场体系建设不完善，由于经济活动信息不对

称等原因导致市场分割现象严重，市场一体化程度低。由市场进行基本公共服务资源配置将会面临市场失灵、公共资源配置效率低等各种困境。东部地区经济发展水平高，经济开放程度高，统一开放、竞争有序的现代化市场体系建设更加完善。东部地区基本公共服务资源要素配置更多利用市场手段，通过政府的宏观调控和市场运行机制进行基本公共服务资源配置，满足当地人民基本公共服务需求。中、西部地区的经济基础较东部地区薄弱，从总体上看，经济实力较东部地区弱，在现代化市场经济体系的建设中还处于探索阶段，经济开放程度较低。因此，在基本公共服务资源配置中，政府通过行政命令等手段进行资源配置的方式较多，进而影响中、西部地区基本公共服务资源配置。

区域经济发展水平高，有利于建立集中统一的公共资源交易平台，提高基本公共服务资源配置效率。利用招标投标、政府购买等方式整合基本公共服务资源，打造一体化资源交易平台，使基本公共服务资源由政府配置转向市场配置。有利于破除行政资源配置壁垒，资源配置信息公开化、透明化，推动基本公共服务资源要素自由流动。在政府与市场共同进行资源配置过程中，要逐渐规范市场秩序，发挥市场作用，进一步提高公共资源配置效率。

我国公共资源交易市场逐渐遍布全国，有力推动着基本公共服务资源配置效率的提高。但是，由于区域经济开放程度和经济发展水平的差异，区域公共资源交易种类、交易机制还有待完善。区域经济发展过程中不同行业、不同部门基于自利心理形成行业垄断、部门壁垒，阻碍资源的有效整合，增加了资源交易成本，基本公共服务资源配置效率低。公共资源交易平台在经济发展上的差异影响基本公共服务资源配置。东部地区是我国经济先发地区，其经济发展水平在全国范围内处于领先地位。长三角作为东部地区最重要的城市群之一，经济发展水平高，经济一体化程度高。在长三角区域一体化进程中，大力推动公共资源交易一体化是其重要组成部分，进而发挥各地公共资源交易平台的比较优势，有力促进区域基本公共服务资源配置效率的提高。从总体上看，中西部地区经济发展水平低于东部地区，其区域一体化进程比东部地区更为滞后，因此，公共资源交易平台的完善程度较低，基本公共服务资源配置效率低。公共资源交易平台是建立在当地经济发展水平基础上的，经济发展水平的区域差异将影响区域公共资源交易平台的建立，从而影响区域基本公共服务资源配置效率的提高。

三、区域经济发展能力支撑基本公共服务配置的效率

区域经济发展能力影响政府财政收入结构差异。区域政府为履行基本公共服务均等化的社会职能，需要取得一定规模的财政收入。合理的财政收入结构可以促进财政收入规模的健康增长，进而为区域基本公共服务均等化提供财力保障。区域经济发展水平影响区域基本公共服务资源的投入、产出和管理，进而形成规模效率和技术效率的区域差异，影响区域基本公共服务资源配置水平。

规模效率是指随着经营规模扩大，其产出增加的比例大于全部资源要素投入增加的比例的情况。规模效率要求区域经济发展水平高，有充足的资金、人才等资源要素为基本公共服务资源规模效率奠定基础。区域经济发展水平差异影响基本公共服务资源配置的规模效率。经济发展水平较高的地区基本公共服务资源集聚程度高，通过大量资源的投入提高基本公共服务资源配置的规模效率。我国中西部地区基本公共服务资源配置效率受经济发展水平的影响。中部经济发展能力较西部高，资金、人才、技术等方面的资源要素集聚程度高，有利于中部地区通过资源要素的投入促进当地基本公共服务资源产出的增加，从而提高基本公共服务资源配置规模效率。西部地区经济发展较为滞后，地区基本公共服务资源向外流失，资源投入不足，难以提升规模效率。基本公共服务资源配置规模效率的差异影响区域基本公共

服务资源配置效率。

区域基本公共服务资源投入规模并不是促进基本公共服务资源有效配置的唯一因素。较大规模的基本公共服务资源的投入不一定能够带来预期的产出，从而提升规模效应。在恰当规模的资源投入的同时，应改进基本公共服务资源投入和产出配置方式，提升基本公共服务资源配置。

技术效率是指资源投入和产出的最佳配置。在区域投入资源既定的情况下，能获得最大的基本公共服务资源产出。在区域产出既定的情况下，区域能使资源投入降到最低，达到资源优化配置。区域基本公共服务资源配置容易出现投入冗余和产出不足的现象，造成资源闲置和浪费，形成基本公共服务无效率配置现象。技术效率的提升能够有效缓解此种现象的发生。技术效率考验区域对基本公共服务资源的管理配置能力，使基本公共服务资源的投入和产出达到最佳配置。为提升区域技术效率不仅需要发挥政府机制的作用，更应发挥市场资源配置的作用，通过政府的宏观调控和市场化资源配置，降低资源要素的交易成本，使资源的投入和产出达到最佳配置。因此，技术效率既依赖政府的经验管理，又需要现代化市场体系的发展，为资源配置提供规范、有序、高效的交易平台。基本公共服务资源配置技术效率的提升需要区域经济基础作为物质保障，推动区域现代化市场体系的完善，为基本公共服务资源配置提供平台。由于东部经济发展水平高，政府对资源配置的经验丰富，同时现代化市场体系建立相对完善，能对资源的投入、产出进行有效管理、优化配置，从而提升基本公共服务资源配置技术效率。中部地区基本公共服务资源配置在财政资金的管理和市场化资源配置方面差强人意，有较大提升的空间。由此可知，区域经济发展水平差异影响基本公共服务资源配置技术效率的提升。

四、区域经济结构影响基本公共服务供给结构

经济结构具有复杂性、综合性的特点，各种结构要素的调整和配置不同会形成不同的经济结构。我国区域由于资源禀赋、经济发展的等方面的差异，区域经济构成要素不同，政府财政支出结构、产业结构、消费结构不同，进而影响区域基本公共服务供给结构。

（一）区域财政支出结构影响基本公共服务供给结构

区域财政支出结构受到当地经济基础的影响。经济基础不同，区域政府财政支出结构存在差异，基本公共服务供给结构受到影响。区域政府通过对本地经济基础的分析，有针对性地调整公共财政支出结构，促进基本公共服务结构优化，进而满足区域内居民基本公共服务需要。

从短期来看，经济基础直接影响区域基本公共服务财政支出结构。马斯格雷夫[1]认为，政府公共财政支出结构的变化同经济发展阶段的演变密切相关。在经济发展初期，为促进经济的发展，政府公共财政支出以经济建设性支出为主，通过对交通、通信、电力等基础设施的建设促进经济的增长；当经济发展逐渐成熟，政府公共财政支出以社会性支出为主，对教育文化、医疗保健、科技创新等社会服务增加投资，促进经济高质量发展。经济基础差的地区，内生性财政收入增长不足，由于公共财政支出的增长，区域政府财政压力大。为促进区域经济的发展，在面临财政收入与支出不平衡的困境时，会增加经济效益见效快的生产领域的投资，忽略教育、技术等长期性经济效益的投资。因此，经济基础差的区域，生产性领域财政支

---

① 布坎南，马斯格雷夫. 公共财政与公共选择——两种截然不同的国家观 [M]. 北京：中国财政经济出版社，2000.

出比重大，社会性财政支出比重小，进一步影响基本公共服务供给结构。经济基础好的区域，交通、通信等基础设施建设较为完善，会着重提高对技术、教育、医疗等领域的财政支出，促进本地经济高质量发展。

从长期看，经济基础带来的基本公共服务财政支出结构的差异，影响区域基本公共服务的积累，加剧区域基本公共服务非均等化。经济基础好的区域注重对社会性基本公共服务的财政支出，有利于人才、技术等生产要素的积累，促进区域内经济资源积累和经济的提质增效。资本、人才的流动会增加区域基本公共服务需求，形成公共产品拥挤现象。为了有效预防和缓解公共产品拥挤效应，区域政府会增加基本公共服务财政支出的规模，调整基本公共服务财政支出结构，进而满足区域内经济部门公共服务的需求。反之，区域经济基础差的区域对社会性基本公共服务财政支出较少，人才、资本流失，大量生产要素的流出使当地经济发展疲弱。并且区域内基本公共服务需求减少，区域基本公共服务存在闲置现象，进而减少基本公共服务供给。由此，区域基本公共服务非均等化问题更加严重。

（二）产业结构差异影响区域基本公共服务供给结构

经济结构中产业结构的差异对区域基本公共服务供给结构调整具有重要影响。区域产业结构发展差异影响区域对基本公共服务不同种类的重视程度，进而影响区域基本公共服务供给结构。

以第一产业作为经济增收产业之一的区域需要大量的廉价劳动力资源，这些劳动力资源较第三产业劳动力的年龄层次高，对养老等社会保障领域的基本公共服务资源的需求量大。并且农业发展附加值较低，经济发展较为落后，当地的基础设施和生活设施相对缺乏。近年来，我国大力推进农业现代化的发展，提高农业技术和质量。以农业发展为增收产业的区域对水利、交通、农业技术设施等基础设施、农业技术培训等方面的教育领域基本公共服务资源需求量大。因此，第一产业发展较好的区域对生产性基本公共服务领域的供给较多，社会性基本公共服务领域只进行部分供给。

第二产业的发展阶段不同，对当地的基本公共服务供给不同。当第二产业以粗放型生产为主时，注重生产要素的投入数量和规模，对交通、电力、大型工业建筑等基础设施领域的生产性基本公共服务的供给量大。当第二产业进入转型时期，以集约型生产为主时，注重生产效率和生产技术的提高，对当地的技术和教育投资较多，生产性基本公共服务和社会性基本公共服务的供给结构较为均衡。

第三产业的发展需要优质劳动力和丰富的资本作为支撑。随着信息技术的发展，当前新兴服务业和商业发展较为繁荣，对高质量劳动力和技术具有较大需求，以第三产业为主的地区重视对当地教育、医疗、科技等基本公共服务的供给，促进当地人力资本、科学技术的发展。因此，社会性基本公共服务供给较多。

各区域的资源禀赋不同，选择的产业结构具有差异，进而影响区域基本公共服务供给结构的变化。中西部区域土地广袤、自然资源丰富，有利于发展第一、第二产业。并且中部地区交通条件较好，优越的交通条件有利于发展交通运输、仓储邮政等服务业，对交通基础设施的要求较高，当地生产性基本公共服务供给较多。京津冀、长三角等东部地区的人力资本、资金、技术等生产要素集聚，有利于第三产业的发展，当地的产业结构更为优化，对教育、技术、医疗、社会保障的等方面更为重视，资金投入量大，社会性基本公共服务供给比重大。因此，我国中西部地区与东部地区的基本公共服务供给结构存在明显差异性。

（三）消费结构差异影响区域基本公共服务供给结构

消费结构的转型升级，有利于提高居民的消费层次和质量，通过内需带动区域经济的发展，通过公共消费带动基本公共服务供给结构的调整。消费结构的转型升级不同于投资的外部拉动，是通过提高当地的内生增长动力拉动基本公共服务供给。基本公共服务投资对资金的依赖程度大，当资金的投入不足时，当地基本公共服务供给存在缺陷。并且，由外部投资推动当地基本公共服务供给在很大程度上是自上而下的供给导向，对当地居民的基本公共服务需求了解不足，区域基本公共服务供给和需求脱节，既浪费基本公共服务资源，又无法为当地居民提供满意的基本公共服务。区域消费结构的转型升级有利于居民公共消费规模和质量的提升，由当地内需拉动基本公共服务供给，使当地的基本公共服务供给与需求相适应，提高基本公共服务效率，优化基本公共服务结构。

经济发达地区居民收入高，居民消费由实物消费转向服务消费，当地的文化娱乐、教育、医疗、旅游等方面的消费比重提升，通过当地内需拉动社会性基本公共服务结构的提升，文化、教育等方面的社会性基本公共服务比重的增加。而经济发展滞后地区，居民的消费结构较为单一，生存性消费比重大，发展性消费和享受性消费比重较低，社会性基本公共服务数量和质量的需求相对于经济发达地区较小，内需拉动力低。当地以资金驱动基本公共服务供给的投资方式仍占据绝大部分，更容易受到政府政策经济偏好的影响，当地生产性基本公共服务供给较多，社会性基本公共服务供给无法满足当地居民的需求。

珠三角、长三角地区由于经济发展较好，当地消费结构更为合理、优化，通过强有力的内需消费拉动区域基本公共服务供给。由于当地居民拥有良好的物质条件和较强的精神消费能力和需求，对文化、教育、医疗健康等领域的社会性基本公共服务消费比重高，居民公共消费力度强，进而拉动当地社会性基本公共服务供给。东北地区由于早期资源型产业的发展，在去产能背景下，无法快速适应当前经济形势，经济结构发展单一。我国提出的东北老工业基地振兴战略是加强对东北地区的资金投资，而投资拉动的经济发展在选择上具有倾向性，资金流向更具有优势的生产性工业建设，相应的生产性基本公共服务供给较多，而对于社会性基本公共服务投资较小，从而影响东北地区的投资消费结构和基本公共服务结构。

（四）区域经济结构协调差异影响基本公共服务供给结构

区域经济结构的不断调整和完善可以有效缓解区域经济发展不平衡，从而使区域基本公共服务一体化、均等化进程加快。区域经济发展协调联动，在补齐自身短板的同时，优化自身经济结构，推进区域经济结构的优势互补，带动区域基本公共服务供给结构的合理调整。但是，由于区域内经济发展方向具有定势，经济结构的优化调整面临极大的阻碍。由于存在区域间经济社会发展壁垒，使区域间经济结构的发展较为孤立，无法达到优势互补的效果，从而使区域内和区域间的经济结构协调能力受到限制，区域经济发展不平衡，区域基本公共服务非均等化问题较为严重。

产业结构的高级化使当地重视知识、技术、人才等优质生产要素的积累和吸纳，因此，当地教育领域、医疗卫生领域、科技领域的基本公共服务供给较多，社会性基本公共服务供给比重大。产业结构的合理化是区域不同产业之间相互作用、相互协调，按一定比例统筹规划，使区域产业结构趋向合理。产业结构合理化，当地农业、制造业等第一、第二产业发展仍占据重要位置。因此，当地对水电、交通、等生产性基本公共服务供给较多，对教育、医疗等基本公共服务供给相对较少。

我国通过第三产业的发展带动第一、第二产业，使产业结构向着高级化的方向转型升级，促进本国经济的高质量均衡发展。但是，我国部分区域由于资源禀赋、经济发展等方面的差异，不具备产业结构高级化发展的比较优势，盲目地促进区域产业结构的高级化调整，将不利于本区域优势产业的发展，反而会造成当地产业结构调整的停滞不前。应根据本区域特色对当地产业结构进行合理化调整，适当推进产业结构高级化，促进结构要素资源的优化配置，达到综合效益最大化的目的。

近年来，东部地区逐步加强第三产业服务业的发展，提高第三产业在三大产业中的比重。以京津冀地区为例，《北京市 2020 年国民经济和社会发展统计公报》[①] 显示，京津冀地区三次产业构成为 0.4∶15.8∶83.8，产业结构向高级化方向调整，从而促进当地产业结构的优化升级。并且，京津冀地区通过产业分工协作，北京产业高端化发展、天津服务业发展迅速、河北先进制造业向中高端发展，从而使区域内产业协作能力强。京津冀地区产业结构向高级化方向发展，对人力资本、资金、技术等生产要素资源需求大，当地政府应加强对教育、文化、科技等社会性基本公共服务供给。同时，该地区产业结构的协同发展加强了地区的合作力度，有利于基本公共服务的协调推进，进而促进服务均等化的发展。随着东北振兴战略的实施，东北地区产业结构合理化、高级化程度得到显著提高。但是，该地区由于早期资源型城市的发展，对当地资源依赖度大，资源型产业仍然占据重要地位，产业结构调整较困难，产业同构化严重，加剧了地区产业竞争，区域合作力度小，不利于区域基本公共服务合作。此外，我国东北地区人才、资金等生产要素的集聚效应较东部地区弱，发展第三产业的优势较东部地区差，因此当地的第三产业发展较东部发达地区差，教育、科技等领域的基本公共服务供给相对较少。对第一、第二产业的发展使东北地区对交通等生产性基本公共服务供给较多。因此，产业结构的协同发展差异影响区域基本公共服务协作差异，产业结构的高级化和合理化程度影响区域基本公共服务供给结构差异。

---

① tjj. beijing. gov. cn/tjsj_31433/tjgb_31445/ndgb_31446/202103/t20210311_2304398. html.

第二节　基本公共服务均等化区域差异的政策影响因素

一、制度差异影响基本公共服务区域均等化

（一）财政制度的不完善造成区域间基本公共服务非均衡

政府财力是履行政府职能的经济保障。政府基本公共服务供给水平要求政府具有稳定的财力为其提供物质保障。为促进基本公共服务均等化发展，我国进一步完善政府财政制度。通过合理划分中央和地方的公共服务支出责任、健全地方税收体系、完善中央转移支付体系等方式，增强基本公共服务均等化的财政支持力度。但是，此种财政分权制度仍然存在一些问题，在一定程度上带来基本公共服务均等化区域差异。具体体现在以下三个方面。

1. 体现在传统税收制度的不合理方面

作为地方财政最主要的组成部分——税收，从 1994 年的分税制改革中，由于详细地界定了各级政府的税收种类和分享比例，从中中央政府在全国税费收入中的比重得到提高，加之中央统一收取和控制了很多收费的种类，使得中央的税收比例在总体的税收中占较大比重。不断增加的中央政府的财政税收与有限的地区税收形成较为明显的对比，致使地方间进行经济竞争，以谋求更多的福利。改善地方投资环境，以更好地吸引投资促发展与争取各种税收的优惠政策成为经济竞争的主要表现方面。但在较为发达的地区，提供高质量的基础设施或有利于生产的基本公共服务也能成为经济竞争的表现，并间接地

促进了基本公共服务水平的提升。交通运输的支出成为东部地区为增加财政收入的重要发力点，2008年其交通运输支出占全国交通运输支出的35%以上，间接地促进基础设施的建设速度，完善并提升了基本公共服务的发展。而在经济欠发达地区，对基础教育、公共卫生、环境保护等基础性服务方面的投入，因其重心更倾向于社会经济发展领域而受到较大程度的负面影响，政府致力于直接提供生产性公共服务产品而减少或忽略对与普通居民生活有关的密切的生活性公共产品的供给，使政府难以将经济建设和基本公共服务建设两手并抓，从而使为增加税收从偏重于以提升经济发展作为目标的地方政府难以把握对公共服务的支出，使得基本公共服务的差距持续增加。

2. 体现在存在着明显缺陷的转移支付制度

财政的转移支付体系是进行基本公共服务促进的区域均衡化的主要手段。我国现在的转移支付制度不利于进行区域均衡发展，因其所实行的转移支付制度保护了一些地区的占据利益，因而使转移支付发挥促进地区平衡发展的能力在一些地区中的效果不佳，有些地区甚至收效甚微。我国转移支付的形式过多，对协调的效果不好，主要原因在于：大部分国家采用的转移支付形式由一般性转移支付和专项转移支付构成。一般性转移支付尽管在我国全部财政转移支付体系中占很大比重，但中央政府对当地的转移支付还包括税收返还、财力性转移支付和专项转移支付等，而财力性转移支付又包含了一般性转移支付、民族地区转移支付、调整工资转移支付等很多项。一般性转移支付在此中所占比重并不高，且伴随着转移支付的交叉现象使得其很难管理。而可运用转移支付制度进行均等化的转移支付模式仅由一般性转移支付拥有。专项工作转移支付主要为解决地区间具有外溢性的基本公共物品或服务的供给情况，所占比重极小的一般转移支付很难充分发挥出均等化作用。再加之专项转移支付的结构构成和主要支付方向受政府所制定政策的相互限制、不明确的准入机制、不规范的操作模式、相互交叉的重复项目设定等问题，更难使资金的有效投入起到最大效果，甚至造成巨大的浪费，因此与一般性转移支付一样，也产生了更弱的促进基本公共服务均等化的功能，从而使得地区间的均衡发挥更加困难。

为了有效控制区域基本公共服务的差距，中央政府通过转移支付等方式调控地方经济差距，促进区域基本公共服务均等化发展。同时也带来了一些负面影响。首先，经济滞后区域对获得中央财政的转移支付容易产生依赖感，自身财政自给能力低下，当基本公共服务供给门槛上升到一定程度时会降低地方政府公共服务供给水平。这种输血性的扶持不能产生内生动力，长期来看，不利于改善区域基本公共服务非均衡格局。其次，转移支付的获取和使用会随着区域政府经济基础的变化而产生差异，最终可能会导致中央转移支付的目标和地方转移支付的使用方式相悖，基本公共服务区域差异并没有明显改善。如一般转移支付对资金的用途和范围没有明确规定，经济发展较为滞后地区一般转移支付的资金流入基本公共服务的可能性不大，对区域基本公共服务均等化发展作用不明显。部分专项转移支付的获取具有一定的门槛，需要区域政府提供一定比例的资金配套才能争取相关的专项转移支付。此种条件加大了经济滞后地区的财政压力，使财政资金紧缺，可能会使资金不充足的地区政府放弃专项转移支付。而经济较为发达地区政府资金较为充足，会倾向于争取到更多的专项转移，因此，会加剧区域政府财政收支差距，使区域基本公共服务供给差距进一步扩大。

3. 体现在不合理的财政支出结构

财权与事权的不相匹配加重了基层政府的财政困难，虽然财权逐层上收而事权逐层下沉，公共服务的事权主要是下发到了下级政府承担，其所需提供的公共服务项目还包括了义务教育工作、公共卫生、社会保障等，其责任仍在下级政府的责任担子上，有限的经费难以保证人均平等而公平地享有公共服务项目。如义务教育的经费问题，减去中央承担不足 2%、省级政府承担的 10% 和县级政府承担的 11%

之下，剩余77%的经费搭在了乡镇政府的财政支出的担子上，无疑加重了地方的财政压力。且教育的投入需要大量的投资，对比起较短时间内的经济建设投入产生有效的回报周期更长，地方政府会因受限的财力而偏向于短期的经济投入，从而忽视了对当地发展教育事业的长远考虑。在能力方面，基层政府难以生产和提供充足的基本公共服务，必然导致纵向不同的基本公共服务的提升速度。

我国现行的财政分权制度对税权的划分一直由国务院进行，没有上升到规范的法律层面，因此税权划分没有统一的原则。对中央税、地方税、共享税的税权配置比例可能会依据中央的具体需要进行变化，因此，区域政府没有稳定的税源对基本公共服务进行财力支撑。同时，此种税权配置方式也进一步造成了地方政府财权、事权不匹配等问题。由于税权划分没有法律的明确规定，完全由政府进行统一管理，将会出现事权和支出责任划分不清、边界模糊等问题，在上下级政府间既存在支出责任的较差重叠，也存在政府间相互推诿，严重阻碍基本公共服务供给效率。

财政分权制度使中央与地方承担的基本公共服务财权、事权不匹配，逐渐形成财权上移、事权下移的局面。由于区域政府财政能力存在差异，随着地方政府基本公共服务支出责任的扩大，区域基本公共服务供给的数量和质量产生差异。区域政府财政能力差异影响区域政府对生产性基本公共服务和社会性基本公共服务的重视程度。区域政府财政实力较弱，但基本公共服务支出责任扩大，在对有限的财政资源配置时会倾向于生产建设类财政支出，社会性基本公共服务供给数量不足、质量不高，不利于区域基本公共服务均等化发展。区域政府财政实力较强，即使政府基本公共服务支出责任扩大，出于本地经济进一步发展的考量，也会逐渐提高社会服务类财政支出，为当地经济发展和居民生产生活提供丰裕的、高质量的基本公共服务。此外，财政分权制度使上下级政府职责同构，事权和责任模糊，导致公共服务供给主体缺失，当区域政府财政实力弱时，区域政府对基本公共服务供给互相推诿，区域政府基本公共服务供给效率低下。因此，财政分权制度中基本公共服务支出责任划分仍然不明确，区域政府基本公共服务支出责任过大，由于区域政府财政实力差异，进而影响区域基本公共服务均等化发展。

（二）城乡二元体制固化成为基本公共服务均衡发展壁垒

随着我国城镇化率的不断提高，人口、产业等资源不断向城市集聚，部分农村地区就地城镇化，促进城市人口的规模、密度不断增加，进而影响城市地区基本公共服务供给，使城镇化逐渐成为基本公共服务均等化的重要因素。改革开放以来，我国一直致力于破除城乡二元体制，消除其带来的体制机制等方面的缺陷。但是，早期的城乡二元体制形成的各种经济、制度差异仍然制约区域城镇化的发展，不利于区域基本公共服务均等化的实施。

城乡二元经济结构影响城乡基本公共服务供给和需求差异。城市经济以现代工业生产为主，劳动报酬和经济效益高；农村经济以传统农业为主，农业投入要素回报率低，农产品价格和劳动力价格低于城市，农村经济效益低。从供给方面看，农村经济发展落后，基本公共服务资本收益率低，农村基本公共服务投入量少；经济发展落后地区，对生产建设支出的意愿强烈，生产性基本公共服务比重大，社会基本公共服务比重小。

城乡户籍制度形成的制度分割和地区分割阻碍城乡基本公共服务均等化。城乡之间由于早期的户籍制度形成了制度分割和地区分割的城乡二元体制，这种城乡二元体制使城乡基本公共服务供给割裂，不利于城镇化的发展，进而影响区域基本公共服务均等化。早期的城乡户籍制度将全国人口分为农业人口和非农业人口，国家依据户籍制度制定不同的基本公共服务政策和供给方式，城市和农村居民因身份不同享受到的社会服务存在差异。改革开放后，国家致力于消除城乡二元户籍制度带来的体制机制障碍，进一步促进城乡人口、资源要素等自由流动。但是，目前农村流动人口在城市享受的就业、社会保障、随迁子女教育等基本公共服务同城市人口相比仍然存在较大差距。并且，农村转移人口落户城市的过程中，户口迁移存在隐形门槛，严重阻碍农村转移人口市民化，不利于国家城镇化策略的推进。因此，城乡户籍制度改革对城乡基本公共服务均等化发展具有关键性作用。区域政府对户籍制度改革的推进情况影响区域基本公共服务均等化的实施。

城乡土地制度的二元化扩大了城乡经济差距，不利于城乡基本公共服务均等化。城乡土地规划影响城乡经济发展。国家将城市土地规划为建设用地，城市通过基础设施建设和工业发展，促进城市经济的发展。但是，为保证国家粮食和生态安全，农村土地规划为农业用地，建设用地较少。农村的发展以附加值较少的农业为主，不利于农村经济的发展；城乡土地流转差异影响城乡经济发展。我国宪法规定城市土地归国有所有，农村土地归集体所有。随着经济的不断发展，土地的价值随之增加。但由于城乡特殊的土地制度，使城市土地能在市场上自由流通，通过土地资源的合理配置促进城市基本公共服务资源的有效供给。而农村土地属于集体所有，由农业用地转为非农用地的政策限制较多。并且，土地流转效率受限。区域基本公共服务基础设施用地涉及对土地用途的规划，进而限制土地的流转。国家为保障粮食安全，限制农业用地的流转，出于公共利益的需要对土地进行流转需由政府进行土地征收，从而使土地的流转具有单向性，在一定程度上使部分土地资源闲置，降低土地资源利用效率。因此，城乡土地制度影响城乡基本公共服务均等化的实施。

城乡二元体制使城乡基本公共服务供给不同，导致城乡基本公共服务供给没有得到根本性的转变，阻碍城镇化的发展，区域基本公共服务的财政支出比重仍然较小。由城乡二元体制带来的区域城镇化差异影响区域基本公共服务均等化差异。

（三）政府绩效考核和激励制度影响区域基本公共服务供给结构

以 GDP 为主要指标的政府绩效考核和激励制度使政府官员倾向于经济建设，忽视基本公共服务的提供，影响区域基本公共服务供给结构。

政府绩效考核理论上应该涉及多方面的内容，但是，由于许多因素不便于衡量和记录，最终政府绩效考核以政府财政能力、当地经济发展为主要考核指标，政府绩效考核过于单一。目前，我国基本公共服务综合评价指标建立不完善，基本公共服务的绩效考核制度不成熟。现行的基本公共服务绩效考核以基本公共服务的财政支出和产出水平为主要参考指标，最终的基本公共服务考核仍与经济发展相联系。如果区域政府忽视当地基本公共服务的提供，或者为增强基本公共服务财政能力而促进经济发展，都可能导致区域基本公共服务供给结构失衡。

经济增长导向的政绩考核晋升机制导致区域基本公共服务结构性失衡。以 GDP 为政府绩效考核的主要指标，政府着重履行经济职能，忽视政府的社会职能，容易造成资源配置低效率，资金投入与产出低效率。区域政府为得到经济和政绩上的绩效，制定较高的经济增长目标，将有限的经济资源运用到经济增长快、能够带来更多利益的领域，虽然使经济在一段时间内得到了快速的增长，但忽视了民生保障相关的社会性基本公共服务的投资，对经济周期长的社会性基本公共服务领域的资源投入较少，区域基本公共服务供给结构失衡。并且，政府对经济过度干预，将资源投入许多不需要政府干预的经济领域，造成公共资源的浪费。经济发达地区政府绩效考核不仅要以经济指标为主，还侧重于社会建设方面的考核，社会性基本公共服务比重大于经济落后地区。而经济落后的区域，政府为获得绩效成绩，直接对当地经济进行着重干预，通过基础设施等经济生产领域的发展，促进当地经济增长。

政府绩效管理尚未成熟，影响区域政府基本公共服务绩效管理。我国政府绩效管理起步较晚，绩效评估体系的科学性、合理性有待优化。区域基本公共服务绩效考核的比重较低，基本公共服务绩效管理体系不成熟。政府绩效考核各项指标的占比不合理，绩效考核偏重经济指标，缺乏具有综合性的社会指标。政府绩效考核过程中形式化严重，考核的实质效果和考核要达到的目标相悖。考核过程参与主体较为单一，政府绩效管理较为封闭，公共与政府信息不对称。由于政府绩效考核是对政府行为的一种管理和约束，政府绩效管理的不完善，将使中央对地方、上级对下级政府的行为缺乏有效的了解、管理和引导。区域政府绩效管理存在缺陷，区域政府基本公共服务均等化政策执行将取决于其对政策的主动性。区域政府政策执行主动性不强，将不利于区域政府对基本公共服务均等化政策的有效实施。使基本公共服务均等化政策浮于表面，没有下沉到区域政府执行的核心，不利于区域基本公共服务均等化的发展。

政府激励制度增加区域政府的独立性和主动性，影响区域基本公共服务供给结构差异。政府激励制度以经济激励和政治激励为主，使地方政府由政策执行者变为政策决策者和执行者，区域政府的独立性和主动性增强，辖区意识增强。激励制度减少中央对区域政府的约束，独立性增强。基本公共服务均等化政策是针对全国范围提出的标准化的战略。区域间政府作为理性选择的主体，根据本地的具体情况制定具体的、详细的基本公共服务操作细则。由于区域政府的独立性和区域发展差异，各地区基本公共服务的建设和完善程度不同，基本公共服务存在区域差异。区域政府主动性存在区域差异。区域政府对国家制定的政策的响应程度不同，当国家政策符合本地区的发展阶段，区域政府的积极性和创造性强，基本公共服务均等化实施程度高。当国家制定的政策对于区域政府来说，执行具有较大困难时，区域政府的积极性和主动性不强，基本公共服务水平较低，需要中央政府通过各种政策支出的补偿推动区域政府执行政策。

二、政策执行程度影响基本公共服务区域均等化

（一）政策经济价值导向，扩大了区域基本公共服务供给差异

改革开放后经济价值取向的强化惯性，我国各地区经济建设以经济利益为导向，符合本地区经济利益的政策具有较高的政策执行度。区域基本公共服务均等化政策要求区间政府的通力合作，而区域间经济发展的同质性影响区域政府的协作度。

在政策经济价值导向下，区域政府对基本公共服务政策的选择和执行程度不同。政府在推动政策过程中以现在面临的较为严重的问题或者预期的问题为主进行决策和执行。经济落后地区面临的问题是如何在短期内缓解经济发展困境，以经济价值为导向，对经济增长的意愿强烈，在制定政策过程中，能够促进经济增长的政策议题更容易纳入政策议程，更容易激发政府积极性。但是，基本公共服务短期经济效益不高，且实施成本大，经济落后地区对该政策的执行度低。区域政府在执行基本公共服务政策时更注重经济价值，忽视基本公共服务的公益性和共享性。基本公共服务供给以生产性基本公共服务供给为主，忽视社会性基本公共服务供给。因此，该地区在执行基本公共服务政策过程中以经济价值为导向，对符合本地经济发展的政策执行积极性高，对基本公共服务等社会服务政策的参与度低，不利于当地基本公共服务均等化政策的实施。经济发达地区对预期的问题的应对能力要求较高。随着经济的发展，经济发达地区面临的问题是如何促进经济高质量发展的经济问题和解决人口结构变化等社会问题，具有持续性、长期性的特点。区域政府通过对教育、医疗等方面的基本公共服务供给，能够增强经济发展的内生动力。因此，经济发达地区为了促进经济提质增效，对社会服务类建设的主动性增强，增加社会性基本公共服务的规模，提高基本公共服务质量。区域在不同的发展阶

段，政府政策解决的问题不同，政策执行程度具有差异性，致使区域基本公共服务供给不同。

区域政府合作以经济价值为导向，区域间经济发展的同质化竞争影响区域政府基本公共服务政策合作程度。造成区域同质化竞争的原因有很多：第一，相邻区域间由于地理区位、资源禀赋、历史文化条件大致相当，区域发展定位趋同化，产业发展面临同质化竞争。第二，区域经济一体化程度不够，资金、资源、劳动力等各种生产要素在区域空间范围内没有得到充分流动，区域经济没有形成有效的分工协作，区域信息、政策联动性低，发展依存度不高，形成区域间同质化竞争。第三，区域产业发展处于初级阶段，产品同质化严重、替代性竞争加剧。区域政府以经济价值为导向，以本地区经济利益为主，经济发展行政分割严重，缺乏跨区域合作，产业同质化竞争严重，从而影响区域基本公共服务均等化政策的实施。区域发展一体化程度高的地区，无论是产业结构的分工合作，还是区域发展政策的合作制定，在经济发展方面能够分工合作，政策制定方面能够妥协沟通，促进区域间合作共赢，为区域基本公共服务均等化政策的实施营造良好的政策环境，促进基本公共服务均等化政策有效执行。同质化竞争严重的区域，以行政区划为分割线，各自发展，基本公共服务供给无法合作实行，区域间基本公共服务供给碎片化、分散化，基本公共服务标准不一，降低基本公共服务均等化政策执行效率，阻碍区域基本公共服务均等化。

（二）政府主导模式惯性大，基本公共服务供给方式变革缓慢

改革开放初期，由于市场体制尚未健全，市场主体缺乏，我国公共服务供给方式以政府主导为主。如今市场体制的不断健全，同时民众的需求不断增加，急需转变基本公共服务供给方式以适应经济发展和人民的需要。区域政府管理观念存在差异、区域经济开放程度不同，区域基本公共服务供给主体参与度不同，影响区域基本公共服务

均等化。

我国地缘辽阔，各区域政府的管理方式千差万别，政府职能转变进程因此受到阻碍。服务型政府建设较为完善的区域，积极转变政府角色，深化"放管服"改革，完善相关政策，破除社会力量进入基本公共服务供给过程中的体制机制障碍，放宽准入限制，积极鼓励支持相关社会组织的发展，推动基本公共服务多元供给格局的建立。因此，由政府主导基本公共服务供给模式转向基本公共服务多元供给模式的速度加快，利于区域基本公共服务供给效率的提高。而政府职能转变较慢的区域，政府主导模式惯性大，基本公共服务供给准入门槛高，多元主体供给基本公共服务的政策环境较差。政府主导基本公共服务供给模式下，政府容易出现寻租行为，并且由于缺乏外部力量对其进行监督和管理，其他社会组织和市场主体难以进入。政府主导模式的惯性将严重影响区域基本公共服务供给方式的转变，阻碍基本公共服务多元供给主体的参与，不利于当地基本公共服务供给水平的提升。

政府基本公共服务机构设置具有滞后性，基本公共服务市场主体对政府依赖性强。区域政府职能转型时间和方式各异，区域经济发展水平不同，政府公共服务机构建设、现代化市场体系建设进程不同。基本公共服务供给模式仍然难以转变。政府转型较快、经济发展较好的区域，全面整合基本公共服务机构设置、优化基本公共服务主体进入的审批流程，提高审批效率，促进基本公共服务模式转变。并且，该区域市场主体发展较为成熟，对政府依赖度减弱，独立性增强。因此，区域基本公共服务供给能力存在差异。

（三）行政路径依赖，基本公共服务均等化角色混乱，效果不佳

政策的执行主体和目标群体的素质影响基本公共服务均等化政策的行政推动力度。我国基本公共服务均等化政策实施的一大特点是自上而下的行政推动，缺乏政策执行主体和目标群体的积极主动参与。

基本公共服务均等化是由政府的外部政策强势推动并主导整个过程进行的，忽视基层执行主体的主动性，从而使基层对上级政府和政策产生依赖。缺乏独立性和自主性的政府部门和组织执行基本公共服务政策效率低，从而陷于低效或无效的制度锁定状态，不利于政策的积极推动。

区域政府的政策执行主体和目标群体的素质越高，政策执行主体的积极性越高，目标群体的表达欲望越强，基本公共服务均等化政策的执行力越强，行政推动作用越弱。区域政府的政策执行主体和目标群体的素质较低，行政推动的路径依赖使政策执行主体和目标群体缺乏创新意识，不利于政策的深入开展。基层政府和组织在进行政策的过程中只遵循上级批示和政策文件，缺乏自我思维变革和观念创新，使基本公共服务均等化政策执行集中于表面难以取得实质性的进展。

基本公共服务资源交易市场的成熟度会受到政府行为的影响。基本公共服务供给过程中由行政推动，政府对资源配置具有绝对地位，由于对政府行为缺乏明确、规范的约束机制，以及政府在基本公共服务决策中容易出现自利性心理，政府在基本公共服务资源配置中难免出现缺位、错位和越位。并且，区域政府在基本公共服务资源交易市场中的权力边界比较模糊，没有进行清楚的划分和法律规范，区域政府既是基本公共服务资源交易市场的管理者，又是市场交易的资源提供者，既负责基本公共服务资源交易市场的决策和管理，又负责基本公共服务资源交易行为的执行与监督。在整个资源交易中容易角色混乱，市场秩序紊乱，不利于基本公共服务供给。

三、政策评估反馈影响基本公共服务区域均等化

（一）基本公共服务均等化评估标准差异影响供给水平

2021 年 4 月，国家发展改革委等 21 个部门颁布了《国家基本公

共服务标准（2021 年版）》[①]，2022 年 1 月印发《"十四五"公共服务规划》，明确提出国家基本公共服务标准，明确基本公共服务项目的服务对象、服务内容、服务标准、牵头负责单位及支出责任。[②] 国家制定的基本公共服务标准有利于改善民生条件，促进发展成果由全面共享，有利于为地方政府和各行业部门完善基本公共服务评估标准提供重要依据，划分中央和地方基本公共服务责任，保障地方基本公共服务供给的底线和范围，促进基本公共服务均等化的实施。但是，国家制定的一系列基本公共服务标准是根据全国各地的经济、社会发展水平、地方政府财政能力等因素而制定的底线标准，由于全国各地经济发展水平不同、财政能力差异，各地区在提供基本公共服务时，根据本地区的具体状况在国家标准的基础上制定不同的地区基本公共服务实施标准，使各地区构建的基本公共服务评估标准存在差异，影响区域基本公共服务供给水平。

区域基本公共服务标准差异影响区域基本公共服务供给的内容。区域基本公共服务评估标准以基本公共服务实施标准为前提和内容，影响区域基本公共服务供给内容。区域财政收入是区域基本公共服务标准制定的经济基础，影响区域基本公共服务供给水平。经济发展好的地区，政府财政实力强，区域基本公共服务供给和需求规模大，当地政府根据本地具体情况制定的基本公共服务标准的内容和指标多于国家基本公共服务标准。经济发展较差的地区，政府财政实力弱，无力支撑过多的基本公共服务供给内容，制定的基本公共服务标准内容和指标保持在国家基本水平，同发达地区相比差异大，从而导致区域基本公共服务供给水平差异。根据《国家统计年鉴》[③]，截至 2020

①　《国家基本公共服务标准（2021 年版）》发布_滚动新闻_中国政府网（www. gov. cn）.

②　国家发展改革委等部门联合印发《"十四五"公共服务规划》，国家发展和改革委员会（ndrc. gov. cn）.

③　数据来源：北京，国家统计局，中国统计出版社《中国统计年鉴》7 - 5 分地区一般公共预算收入（2020 年）。

年，四川省一般公共预算收入是 4261 亿元，湖南省一般公共预算收入是 3009 亿元，云南省一般公共预算收入是 2117 亿元。根据经济、社会发展水平、财政保障能力、行业领域特点，四川成都将基本公共服务标准分为 9 大类、25 个小类、104 项服务；湖南基本公共服务标准分为 9 个方面、22 个大类、80 个服务项目；云南实施标准分为 9 个方面、22 个大类、81 个服务项目。四川由于经济发展较云南好，地方政府财政收入较多，制定的基本公共服务实施标准服务项目均多于国家标准的服务项目。湖南省和云南省由于经济、财政限制，制定的基本公共服务标准保持在国家基本标准底线。由此可知，经济社会发展、财政实力不同，区域制定的基本公共服务标准存在差异，进而影响基本公共服务供给水平。

区域基本公共服务标准差异影响区域基本公共服务供给质量。区域基本公共服务评估标准不仅建立在区域经济发展水平、财政实力上，还与区域基本公共服务评估技术有关。高质量的评估标准的制定需要创新评估方法，通过多维视角和多元数据对当地基本公共服务水平进行科学、合理的衡量和评估。因此，基本公共服务评估技术的差异影响区域基本公共服务标准，基本公共服务涉及的项目越多，越需要优秀的相关专业人才和技术进行科学、专业的基本公共服务评估。例如，对教育领域的基本公共服务评估，需要了解教育领域的专业人才选取评估指标和评估方法对教育的投入与产出、教育效率、教育科研水平等进行定性和定量的科学评估，对区域基本公共服务评估技术具有重大挑战。因此，区域基本公共服务评估技术不同，当地建立的基本公共服务标准的内容和指标就不同，影响区域基本公共服务评估质量和供给水平。

（二）基本公共服务均等化监督过程差异影响供给效率

基本公共服务监督问责机制将监督问责内容、监督问责对象、监督问责方式进行明确划分，具体落实监督责任和监督过程，促进基本公共服务供给效率的提升。我国基本公共服务监督问责机制正处于试点和探索阶段，基本公共服务监督问责机制并不健全，使区域基本公共服务监督存在差异。

预算绩效管理制度的完善程度影响区域基本公共服务供给效率。预算绩效管理制度要求同基本公共服务标准衔接匹配，区域预算绩效管理体制的不断发展和完善，推动了卫生健康领域基本公共服务预算绩效管理工作的实施。预算绩效管理制度的健全和完善能够提高公共资源配置效率，优化公共服务质量。但是，我国预算绩效管理制度仍然存在许多的问题：预算绩效管理制度不健全，监督约束机制不完善，预算绩效没有进行适时调整和动态监测。当区域预算绩效管理制度的优化速度滞后，不能为区域基本公共服务提供有效的监督机制时，区域政府基本公共服务供给可能存在缺位、错位现象，不利于区域基本公共服务供给效率的提高。预算绩效管理制度的完善程度影响区域基本公共服务供给效率。

基本公共服务监督信息透明化、基本公共服务监督主体的多元化有助于区域基本公共服务监督的公开、透明，提高基本公共服务均等化的监督力度，影响基本公共服务供给效率。区域政府应该明确监督信息的公开内容和公开程序，为社会公众对基本公共服务情况的监督提供便利。例如，区域政府基本公共服务预算公开过程中，"其他支出"的比例过重，社会各界难以理解，预算内容和范围不明确，公开的政府预算类型较为笼统，含糊不清，社会各界难以对其进行了解和监督；区域政府有效、规范引入第三方监督机构作为基本公共服务的监督方式，弥补政府内部监督的局限性，促进基本公共服务监督公开化、透明化。政府内部监督存在封闭化管理等方面的缺陷，区域政府通过委托、公开邀标等方式引入第三方机构进行基本公共服务监督，建立外部监督评估方式，提高基本公共服务监督的公开、透明度，有利区域基本公共服务供给。

基本公共服务监督责任清晰化、监督部门独立化影响区域基本公共服务供给效率。由于政府官僚体制中错综复杂的监督关系，各种权力、职能的交叉，使得基本公共服务均等化监督互相推诿，责任无法落实，造成基本公共服务供给的低效率。基本公共服务监督责任需要一定的规则进行责任划分，将具体监督责任落实到个体部门和官员上，防止监督责任划分不清导致的部门推诿、无效监督。监督问责机制提高监督部门的独立性，影响基本公共服务供给效率。监督部门受各种权利关系的掣肘，基本公共服务均等化监督的过程中容易陷入象征性监督的困境，区域政府在执行基本公共服务监督时作表面文章，将基本公共服务成效集中于纸质材料中，使监督没有实质效果。基本公共服务监督部门既接受上级部门的业务指导，又接受同级政府的领导。区域政府与公共服务监督部门属于从属关系，公共服务监督部门的人员编制、工作经费等由区域政府提供，因此，监督部门对区域政府基本公共服务的执行和落实情况必须迎合区域政府的利益，基本公共服务监督实质效果不明显。此外，第三方监督机构的独立程度也会影响区域基本公共服务监督和供给。第三方监督机构进行监督评估时容易受到委托单位的暗示、干扰，存在寻租行为。当区域基本公共服务监督部门或机构的责任划分明确，具有充分的独立性时，区域基本公共服务监督事半功倍，促进区域政府基本公共服务均等化政策的有效执行。当区域政府对基本公共服务监督不够重视，监督责任落实不到位，监督部门或机构对政府依赖度高，区域基本公共服务政策的执行无法得到有效的监督，基本公共服务供给效率低下。

（三）基本公共服务均等化结果反馈差异影响供给质量

基本公共服务均等化结果的评价和反馈，是对区域基本公共服务目标和结果的对比以及对人民基本公共服务的满意度的收集，充分运用结果反馈改善区域基本公共服务政策，有利于基本公共服务均等化政策的动态监测和调整。区域政府对基本公共服务均等化结果反馈的重视程度不同，基本公共服务供给质量存在差异。

基本公共服务均等化结果评价差异影响区域基本公共服务供给质量。区域政府能力差异影响基本公共服务评价质量。基本公共服务结果评价涉及评价人员、评价指标、评价方式等方面的选取，通过专业人员对基本公共服务评估结果和基本公共服务预取目标的对比，反映区域基本公共服务供给短板和问题。区域政府基本公共服务政策的主动性影响区域基本公共服务评价质量。政府通过评价结果分析基本公共服务是否符合当前发展要求，由政府推动基本公共服务政策的调整和完善，进而满足人民群众的基本公共服务需求。这与区域政府基本公共服务政策的执行紧密相连，政府在政策执行时积极履行职责，基本公共服务结果的评价和政策的调整更为主动。当区域政府在执行基本公共服务政策时积极性、主动性不强，对政府社会职能不重视，区域政府基本公共服务结果评价更为松散、模糊，难以形成有效的评价结果反馈机制，区域基本公共服务政策很难得到切实调整。

基本公共服务结果反馈平台的建立影响区域基本公共服务供给。区域政府通过建立健全社会监督、反馈平台和机制，既为社会各界提供了便利的反馈平台，又方便政府收集反馈信息。政府能够充分了解基本公共服务供给短板，及时调整基本公共服务相关政策和战略部署，推进基本公共服务均等化。基本公共服务结果反馈平台的建立要求区域政府数字化管理的创新，数字技术的提高，从而能够精准收集和识别社会各界对政府基本公共服务供给的意见和需求，通过基本公共服务结果反馈达到提高供给质量的目的。因此，区域政府技术的差异化影响区域基本公共服务结果反馈平台的建设，影响区域基本公共服务供给质量。

人民满意度的结果反馈差异影响基本公共服务供给质量。人民是基本公共服务的接受者，是基本公共服务的利益主体，区域政府将人民满意度纳入基本公共服务评价体系中，有利于回应人民的需求，增强人民群众的获得感、幸福感和安全感。通过自下而上的结果反馈，检验基本公共服务供给质量，发现政府在提高基本公共服务过程中的不足并有针对性地进行改善，能够为人民群众提供多样化、个性化的公共服务产品。区域政府对基本公共服务满意度的调查范围、信息公开度、调查过程真实性可靠性等方面的差异影响区域政府基本公共服务供给质量。同时，人民满意度是一个动态变化的指标，跟踪反馈机制的健全程度影响区域基本公共服务供给质量。区域政府以人民不断变化发展的需求为导向，为人民群众提供满意的基本公共服务，提高基本公共服务均等化程度。由于服务型政府的建设和政府角色转变的差异，不同地区政府对人民满意度等社会指标的重视程度不同。区域政府对人民满意度的收集和跟踪反馈机制建立的重视程度不同，对基本公共服务结果反馈的运用程度存在差异，影响区域基本公共服务供给质量。

第三节　基本公共服务均等化区域差异的人文素质因素

一、区域地理空间差异影响基本公共服务均等化

（一）区域地理位置影响基本公共服务的管理差异

在自然地理因素差异下，各省市的经济发展受地理环境的影响很大。一些地区受益于天然的优越地理环境影响，其地区经济发展在相同的时段内就会快于其他地区，所以所创造的经济总量也就比其他地区大。以上海市为例，其作为全国经济发展最早的地区，在 20 世纪二三十年代已经先于全国其他地区紧抓机遇率先发展起来，同时在改革开放时期同江苏、浙江、广东等省份，利用自己良好的自然环境和

优越的地理位置为地区内的生产活动与发展吸引了大量外资。1979
年到 2008 年外商投资 14794.01 亿元，占东部地区占总体的 80% 以
上，遥遥领先于中部和西部地区。尽管各地区都在进行经济开放，外
资的主要投资重点与偏向仍放在东部地区，从 2008 年东部地区外商
投资额占全国外商投资额的 61.9% 这个数字可以看出，东部地区的
经济率先实现增长的支撑条件主要源于其固有的优越的自然条件，即
地理位置的优势。沿海城市的经济随外资的进入而崛起，带来了相对
较好的基本公共服务供给水平。与之对比，环境相对恶劣的省份，如
处于中西部的内陆地区，不发达的交通，低程度的对外开放与闭塞的
信息，对其经济的发展造成很大程度上的限制，从而导致其对基本公
共服务供给的能力受到各方面因素的限制而难以得到与东部区相同的
发展基础。经济发展与基本公共服务发展的良性互动关系没有很好地
构建起来。①

　　区域地理位置影响基本公共服务需求和供给差异。地形地貌是区
域基本公共服务需求和供给的前提和基础。我国幅员辽阔，区域地理
位置不同，影响区域基本公共服务管理差异。

　　地貌不同，人口总量具有差异，影响区域基本公共服务需求规模
和需求收集。盆地、平原等地貌，地形平坦、地势起伏较小，生产成
本较小，优越的地理区位条件适合人类生产生活，人口密度大，对基
本公共服务的需求较大。并且，人口相对集中，有利于政府收集、整
理基本公共服务需求，为人民群众提高多样化、个性化的基本公共服
务。高原、山地等地貌，海拔高、地势起伏大，人类生产生活成本
高，不适宜人类的聚居生活，人口密度小，对基本公共服务需求小。
同时，人口相对分散，不利于区域政府收集基本公共服务需求，自下
而上影响基本公共服务政策的能力较小。我国地形地貌丰富多样，不
同的地形地貌使区域基本公共服务需求形成差异。中西部地区是我国

---

① 周俊. 我国基本公共服务非均等化的原因探析 [J]. 学会，2009 (10)：3.

地形地貌最为复杂多样的区域，丘陵、盆地、山地、高原等地形地貌，使中西部地区基本公共服务需求存在差异。根据《中国统计年鉴》可知，西藏自治区人口为365万人，四川省人口为8367万人，人口数量的差异同地形地貌具有密切关系，进而影响基本公共服务综合水平。西藏自治区位于青藏高原，海拔高、氧气含量少、气候寒冷多变，该地区自然条件不适于人口聚集和生产生活，人口密度小，对基本公共服务需求少。四川省处于四川盆地，盆地底部地形平坦、地势起伏小，属亚热带气候，有利于人口聚居和生产生活，生产成本较小。该地区人口密度大，对基本公共服务需求大。

地貌不同，基本公共服务供给和管理成本存在差异，影响区域基本公共服务供给和管理。成本因素是区域基本公共服务供给过程中考虑的最重要因素之一。区域地理位置不同，地形地势不同，基本公共服务供给的难度和成本具有显著的差异性。区域政府投入相同的财政资金，由于地形地貌带来的各种差异，最终的基本公共服务产出结果有所不同。平原、盆地等地形较为平坦、地势起伏小，区域政府对交通、医院等各种基本公共服务设施建设难度小、建设成本低。并且，平原、盆地有利于人口、资源等各种生产要素的集聚，有利于促进基本公共服务资源的有效配置，形成规模效应，降低基本公共服务供给和管理的成本。山地、高原等地形，海拔高、地势起伏大，交通等基础设施建设的难度大，建设成本高，设施维护成本高。同时，此类地形人口密度低，人力、资本等生产要素聚集少，存在资源短缺的现象，资源配置效率低，基本公共服务供给成本高。由于地形地势的不同，我国各地区基本公共服务成本，呈现东低西高、带状阶梯分布特征。东部地区地形以平原、丘陵为主，地形平坦、地势起伏小，人力、资本等资源集聚程度高，基本公共服务设施建设和管理成本低，基本公共服务供给规模大，管理难度小。西部地区以山地、高原为主，海拔高、气候低，对基础设施建设的技术要求高，基本公共服务供给成本高，区域基本公共服务供给规模小，管理难度大。根据

《中国社会统计年鉴2020》，中西部地区义务教育学校数量绝对数值上看差距较大，其中学校总数最多的为河南省，达到了22720所中小学，但同时青海省和西藏自治区拥有的中小学数量连1000所都不到，分别为987所和922所。河南省丘陵、平原占地面积广，公共服务设施建设相对容易、建设和管理成本低，并且人口密度大，区域政府对基本公共服务供给较多。青海和西藏处于青藏高原地区，海拔高，人口密度低，公共设施的建设成本和管理成本高，基本公共服务供给相对较少。因此，中西部基本公共服务供给存在差异。

区域地理位置不同，区域开放程度存在差异，影响区域基本公共服务综合水平。区域开放程度是影响区域合作和经济创新发展的重要因素之一。交通作为地区发展最重要因素，一直在我国经济发展中占据重要位置。一般而言，沿海、沿江地区，地理位置优越，通过河运、海运等方式进行对外交流和合作，开放程度高，促进了区域基本公共服务均等化合作和基本公共服务供给能力的提高。内陆地区的区位优势相对于沿海、沿江地区小，地理位置相对封闭，以内陆资源为依托进行发展，开放程度低，不利于区域基本公共服务均等化合作，并且基本公共服务供给能力相对较低。我国东部沿海、沿江地区，在经济发展过程中，凭借优越的地理位置，积极同国内各地和其他国家开展广泛的合作，推动产业结构的转型升级和优化调整，经济发展新动能较强，为区域基本公共服务供给提高资金、技术等方面的支撑。同时，该地区开放程度高，在经济一体化战略合作的同时，促进了基本公共服务均等化合作，促进了基本公共服务均等化的实施。中西部内陆地区，地理位置相对封闭，部分省份过度依赖当地资源，产业结构单一。随着经济高质量发展要求的提出，部分地区在去产能过程中难度大，缺乏经济发展新动能，经济发展较为滞后，不利于基本公共服务供给水平的提升。因此，由于地理位置带来的开放程度不同，区域基本公共服务综合水平存在差异。

（二）区域内空间集散程度影响基本公共服务布局差异

区域基本公共服务根据区域内要素、资源等空间集散程度进行合理布局和规划。区域内空间集散程度形成的基本公共服务布局差异，将对区域基本公共服务布局造成重大影响。

区域资源要素集聚程度影响基本公共服务布局密度。随着交通、通信等基础设施的发展，区域间的联系越来越紧密，人口、资本、技术等资源要素逐渐形成了空间集聚。通过资源要素的空间集聚形成规模效应，既促进区域经济的发展和区域政府财政增收，又降低资源配置效率，从而降低基本公共服务供给成本。一般情况下，中小城市、农村地区的人力、资本等资源要素往往流向经济发展较好大城市，大城市经济要素集聚程度高，资源集聚形成规模经济效应，为区域基本公共服务提供资源供给。小城市资源要素流出较多，存量少，基本公共服务供给所需要的资源要素相对不足，基本公共服务供给成本大。区域基本公共服务供给中，大城市供给规模大和质量高，而小城市、农村地区基本公共服务供给相对较少，质量较低。因此，区域基本公共服务布局存在集聚和分散的两极分化态势。

区域行政规划影响基本公共服务设施服务半径，影响基本公共服务受益范围。基本公共服务设施是依据区域地方政府行政等级和行政区划进行布局，随着区域地方政府撤县设区、撤村并镇等行政方面的安排，基本公共服务设施也会进行撤并和调整。撤县设区、撤村并镇等行政区划调整，行政区规模增加，致使基本公共服务设施的规模和服务半径增大，与中小城市、特别是农村地区人口分散、人口密度低的情况矛盾，直接影响区域基本公共服务可及性，制约了基本公共服务的受益范围，使基本公共服务资源共享程度不高。例如，撤村并镇使城镇规模变大，人口规模增加，基本公共服务设施的服务半径不得不扩大，但是地方政府财政能力弱、基本公共服务供给不足，并且乡村人口分布不均、村庄布局散乱，公共设施服务半径以内的居民参与到基本公共服务供给中的成本相对较低，而公共设施距离以外的居民对基本公共服务的使用成本升高。区域基本公共服务消费支出成本不均等，区域基本公共服务受益范围有限，影响区域基本公共服务均等化的实施，进而拉大区域基本公共服务差距。

区域基本公共服务布局规范程度影响区域基本公共服务均等化。区域政府对医疗、教育等各领域基本公共服务设施没有进行统筹规划，各领域基本公共服务缺乏联系，在空间上较为分散，使区域基本公共服务在空间上功能单一，降低了基本公共服务供给效率和使用效率。区域政府对各领域基本公共服务设施建设进行统一规划，将各领域基本公共服务进行配套提供，使各领域基本公共服务功能优化组合，为当地居民提供便利的基本公共服务。例如，15 分钟生活圈的打造，就是对基本公共服务设施统筹规划的一个典型案例。以 15 分钟为一个时间标尺，将就业、教育、民生保障、城市治理等方面服务统筹规划，为居民提供多样化、多功能的公共服务。同时，区域基本公共服务设施存在浪费和不足的供需矛盾，区域基本公共服务布局不合理。一方面，部分地区基本公共服务设施重复建设，基本公共服务设施质量差、服务人员水平低、技术较差，居民对公共服务供给参与度不高，基本公共服务设施使用率低，造成基本公共服务浪费；另一方面，区域基本公共服务供给适量和质量难以满足居民的需求，基本公共服务供给不足。区域基本公共服务在空间和内容上的布局差异影响区域基本公共服务均等化。区域基本公共服务空间上的统筹布局，内容上精准供给，有利于提高基本公共服务水平。当区域政府对基本公共服务供给重视数量均等化，轻视质量均等化时，区域基本公共服务设施空间和内容上的布局将会存在不合理现象。

（三）区域地理资源禀赋影响基本公共服务资源差异

区域地理资源禀赋是一个地区经济发展方向、政府财政实力的基础。我国地大物博，不同地区的资源禀赋具有较大的差异性，从而影响区域经济发展和政府治理能力的发展，进而形成基本公共服务资源差异。

地理资源禀赋差异影响区域基本公共服务资源的供给能力。地理资源禀赋在不同时期对区域基本公共服务资源配置能力的作用不同。基本公共服务资源配置能力由当地经济实力决定。在经济建设早期，我国对能源等自然资源的需求量剧增，自然资源丰裕地区，以资源型工业发展为主，促进当地工业发展，进而促进区域政府增收，政府财政实力强大，区域基本公共服务资源配置能力强。资源禀赋差的地区通过农业的发展或者产业结构的转型升级促进经济的发展，但农业附加值低并且产业转型升级的过程需要长时间的不断推进，经济在短期内增长缓慢，区域政府财政实力弱，基本公共服务资源配置能力低。在经济转型时期，国家开始去产能，对资源的需求量降低。资源丰富的地区由于对资源的过度依赖，传统资源产业转型升级困难，产业结构单一，经济增长较少，政府财政压力加大，对基本公共服务资源配置能力降低。资源禀赋较差的区域在长期的产业结构转型过程中，经济发展水平逐渐提高，经济发展质量高，区域政府财政实力强，对基本公共服务资源配置能力强。

地理资源禀赋差异影响区域基本公共服务资源投资类型。资源丰裕地区对社会性基本公共服务资源的投资意愿低。自然资源丰富地区以资源型工业为主，当地凭借自然资源就能获得高昂的经济收入，对劳动力素质、生产技术等方面不够重视。因此，该地区对教育、医疗等社会性基本公共服务资源的资金投入较少，对交通等经济型基本公共服务投资较多。同时，资源型产业的发展对有利于人力资本、科技创新等方面发展的产业具有排挤效应，导致当地社会性基本公共服务资源发展受阻；资源贫瘠地区对社会型基本公共服务资源的投资意愿强烈。资源缺乏地区对资源的依赖度低，通过产业结构转型升级促进经济增长，对教育、医疗等提高人力资本的行业发展十分重视，对其财政投入多，因此，该地区社会性基本公共服务资源较其他的地区多。

资源禀赋差异影响区域基本公共服务配置效率。资源禀赋影响区域政府财政透明度。根据现行财政税收体制，资源税大部分归地方政府所有。资源丰富地区，财源丰富，对中央政府、企业、民众等的收入依赖度低，地方政府财政自主性强。对地方政府来说，财政明细的公开将增加上缴财政税收的可能性。因此，财政收支明细公开较少，在提供基本公共服务供给时，主观色彩浓厚，对国家基本公共服务均等化支出的实施主动性低，对民众基本公共服务供给精准性较差，基本公共服务供给不均衡。自然资源禀赋较差的地区由于产业结构的转型升级，对企业、民众等税收依赖度高，并且当地居民对政府财政收支的公开意愿强烈，因此政府财政透明度高，政府财权受到社会各界的约束和限制。当地政府基本公共服务供给时较为客观，将有限的财政资源投入符合公共利益的领域，对基本公共服务供给积极性较高，基本公共服务供给效率高；资源禀赋差异影响政府对市场的行政干预程度。自然资源丰富地区，政府对资源的配置进行多方面的干预，资源配置权力大，市场参与资源配置的权利较小，在此过程中，地方政府容易出现寻租、腐败问题，不利于基本公共服务资源配置效率的提高。资源禀赋较差地区，市场在资源配置中具有决定性作用，政府对市场化资源配置进行宏观领域的监督和调控。并且，由于长期的产业结构的转型升级，市场资源配置能力成熟，政府机构管理机构发展较为成熟，监督机制发展较为全面，基本公共服务资源配置效率高。

二、区域风俗文化差异影响基本公共服务均等化

（一）区域文化水平影响区域基本公共服务水平

区域文化水平影响区域基本公共服务供给和需求质量，为区域基本公共服务提供一个良好的文化环境，为区域基本公共服务提供优质

的人力资本和文化氛围，进一步增加了区域基本公共服务的规模和质量。不同区域具有不同的文化背景，对文化培养的重视程度具有差异性，从而造成区域基本公共服务区域差异。

基本公共服务人员文化水平差异影响基本公共服务供给质量。人力资本是基本公共服务供给中必不可少的条件，劳动者的文化水平是人力资本不可或缺的重要因素之一。区域基本公共服务人员的文化水平高质量发展是当地基本公共服务高质量供给的保证。首先，文化素质较高的政策决策者往往拥有较强的行政动员能力和游说能力，在区域间基本公共服务资源竞争方面能力较强，为基本公共服务政策执行提供良好的政策环境和物质支持。而文化水平相对较差的政策决策者基本公共服务资源的竞争优势较小，致使该地区基本公共服务资源要素相对不足。其次，文化素质较高的基本公共服务政策执行人员对基本公共服务政策能够进行更好的理解和推动，基本公共服务政策的执行的精准性和主动性较强。文化素质较差的基本公共服务政策执行人员对基本公共服务政策的理解不够深入，对基本公共服务政策的执行有所欠缺。最后，文化素质较高的基本公共服务专业人员，在教育、医疗等专业领域具有较高的专业知识和技能，能够直接为人民群众提供高质量的专业公共服务。文化素质较差的基本公共服务专业人员在医疗、教育等方面的职业素质和技能相对落后，不能完全满足人民群众的基本公共服务需求，当地居民对基本公共服务利用率低。因此，区域基本公共服务决策者、执行者、专业人员的文化水平差异影响区域基本公共服务供给质量，影响区域基本公共服务区域差异的形成。

区域居民文化水平差异影响基本公共服务需求质量。文化水平影响居民对基本公共服务知识和信息的了解，进而影响居民基本公共服务需求和动机。第一，区域文化水平较高的居民对区域基本公共服务的要求更高。文化水平高的居民，对生活水平的要求高，对基本公共服务质量的要求高，基本公共服务需求多样化、差异化明显。第二，区域文化水平高的居民对基本公共服务需求的表达能力更强。基本公共服务需求表达是个体或者团体将自己对基本公共服务的需求通过一定的渠道、选择一定的方式表达出来，并被外界注意的一种过程。区域文化水平高的居民能够充分认识到自己具有选择基本公共服务的正当权利，同时对基本公共服务相关信息具有相对全面、系统的了解，能够通过多种有效渠道表达个人的基本公共服务需求。文化水平较差的居民对人民民主权利认识不足，对基本公共服务相关信息了解不充分，个人的需求表达方式受限，因而在一定程度上被动接受基本公共服务。

　　区域文化环境差异影响区域居民对文化的重视程度，进而形成基本公共服务区域差异。优质的文化环境有利于增强居民对文化培养的重视程度，进而影响区域对基本公共服务的投入。一个区域拥有良好的文化环境和文化氛围，政府和居民对自身文化培养都比较重视，因而拥有具有较多的政府财政投入和私人资本的投资，有利于文化事业和文化产业等方面的迅速发展，进而提高基本公共服务供给规模和质量。同时，文化的培养能够提高当地的人力资本水平，从而提高当地基本公共服务的供给和需求质量，进一步增强基本公共服务的发展。区域文化环境较差，无法形成良好的文化氛围，当地政府和居民对自身文化教育不够重视，直接影响政府对基本公共文化服务的财政支出，不利于基本公共服务水平的提高。并且文化环境较差的区域由于对教育不够重视，当地劳动力水平较低，无法为基本公共服务提供高质量的专业人才，当地居民对基本公共服务的需求层次较低。我国东部地区由于经济发展的需要，对当地文化发展格外重视，其中教育质量在全国范围内名列前茅，当地政府和居民对教育的资金投入量大，基本公共文化服务的规模大且质量高，当地具有高质量的人力资本。中西部地区由于早期发展的农业和工业较为粗放，对劳动力质量要求较低，因而中西部地区对文化培养的时间较东部地区晚，对文化的重视程度较东部地区低，教育质量相对落后，该地区的基本公共文化服务的规模和质量相对较差。因此，区域文化环境影响当地居民对文化的重视程度，从而形成基本公共服务水平差异。

（二）区域文化认同影响区域基本公共服务参与度

区域文化认同是个人在区域文化背景下产生的生理、心理、认知等方面的反应。区域内居民通过对文化的比较、思考、选择，增强了个人对区域文化的自信，形成了一种统一的心理态势，进而增强了区域内居民对基本公共服务建设的积极性和主动性，提高了区域居民基本公共服务的参与度。随着信息网络的发展和人口的流动，区域外的文化介入区域内主流文化，区域间文化产生碰撞和冲突。文化间的融合需要长时间的过程，在这个过程中，区域居民形成文化分割，不利于价值观念的融合，从而影响区域基本公共服务均等化政策的实施，造成基本公共服务的区域差异。

区域文化认同影响居民对基本公共服务的参与度。区域文化认同更多的是一种文化共同体的构建，人们基于血缘、地缘等关系在一定地域内互相帮助、共同生活，进而形成一种个体对该共同体的依赖和认同。这种文化认同感也是对自我的一种身份认同，进而增强个体对区域治理的主体意识，积极承担责任，提高区域基本公共服务居民参与度。区域居民通过基本公共服务需求表达、公共服务消费、公共服务反馈等方式，积极参与基本公共服务，为区域基本公共服务提供精准化的需求导向，为基本公共服务提供有效的运行经费，有利于区域基本公共服务水平的提高。当个体对其所在区域的文化认同度低时，个体对区域文化持否定和怀疑态度，个体对区域基本公共服务呈现消极态势，不利于区域基本公共服务参与度的提高。基本公共服务需求表达机制受阻，区域政府无法通过需求导向为区域居民提供多样化、个性化的基本公共服务，而自上而下的政府主导基本公共服务供给对居民的需求识别难度较高，不利于区域基本公共服务水平的提升。因此，区域文化认同感的高低影响区域基本公共服务参与度差异，政府对文化认同的构建程度也会影响区域基本公共服务参与度差异，从而形成基本公共服务区域差异。

区域文化价值观受到经济发展的冲击，区域文化认同构建面临困境，影响区域基本公共服务参与度。所谓文化价值观主要指一种外显或内隐的有关什么是"值得的"的看法，它是区分不同个体或群体差异的显著特征，能够影响人们对行为方式、手段与目标的选择。[①]不同区域在历史发展过程中形成不同的文化价值观，影响着区域内人们的思维方式和价值选择，影响着区域内人们对基本公共服务的选择和评价，进而形成基本公共服务区域差异。随着经济的不断发展，多元价值观对区域文化价值观造成冲击，影响区域文化认同，使区域基本公共服务政策的实施和推进受阻。以经济建设为中心的发展过程中，个体的社会自主性增强，同时经济理性的不断发展，容易造成文化价值观的冲击的瓦解。人们在自我发展过程中受经济发展和理性选择的影响，从经济自利的角度选择能够获取个人利益最大化的发展方式。但是这种理性自利的价值观念在一定程度上是以自我利益为中心的，对于构建统一的文化认同具有巨大的破坏力。区域内的人们只关心自己享受到的基本公共服务，认为基本公共服务是政府的职责，对区域基本公共服务的完善和发展漠不关心，从而降低区域基本公共服务参与度，不利于基本公共服务的需求表达和反馈。因此，由于区域发展的差异，各地区的文化价值观存在差异性，直接影响基本公共服务区域差异的形成。同时，由于经济发展带来的理性自利对文化认同构建形成阻碍，不利于区域统一观念和文化的融合，从而影响区域基本公共服务均等化的实施。

由于地缘关系产生的文化割裂影响基本公共服务区域差异。不同区域在历史发展过程中形成语言、思维方式、行为准则等文化上的差异，影响区域个人的情感和认知上的不同，进而形成文化分割。这种

---

① 李艳霞．"后物质主义"价值观与当代中国公众的政治信任——以代际差异为视角的比较分析［J］．公共管理学报，2017（3）．

分割不仅不利于区域间基本公共服务观念的融合，又对区域内主流文化同外来文化的融合不利，从而影响区域基本公共服务均等化。不同区域由于文化上的差异，对基本公共服务的判断和选择不同，区域间在基本公共服务均等化合作时，文化上的不同影响区域间的相互信任，从而造成区域基本公共服务合作上的冲突，不利于区域基本公共服务均等化。同时，跨区域人口流动容易产生流动人口的文化与当地主流文化的碰撞与冲突，流动人口将自己局限于血缘、地缘等关系网络，形成一种有别于主流文化的亚文化圈，并且主流文化对外来文化容易产生排斥，不利于区域内文化的融合，不利于区域社会的融合，区域文化认同感低，进而成为区域基本公共服务均等化的障碍。因此，由地缘关系产生的文化割裂不利于区域基本公共服务均等化。

（三）区域风俗习惯影响基本公共服务类型

区域风俗习惯影响着民众的价值观念和行为准则。区域的民族文化、传统观念、历史遗迹等作为区域风俗习惯的一部分，对区域基本公共服务需求和供给具有重要作用。由此带来的风俗习惯差异影响区域基本公共服务类型的选择。

区域民族文化形成的风俗习惯影响区域基本公共服务类型。中国是一个团结统一的多民族国家，各民族拥有不同的风俗习惯，因此，区域基本公共服务的供给和需求存在差异。民族分布特点影响基本公共服务供给。中国民族的分布具有大杂居、小聚居、交错分布的特点。总体而言，汉族分布较为集中，少数民族地区分布较为分散，影响区域基本公共服务供给。人口分布集中地区有利于各种资源要素的积累和集聚，为基本公共服务供给提供资源要素，基本公共服务规模较大。并且人口集中有利于基本公共服务需求的收集和整理，基本公共服务供给多样化、个性化。人口分布较为散乱的地区，政府基本公共服务规划难度高，基本公共服务供给成本大，供给规模小。此外，由于人口较为分散，少数民族对外交往存在差异，需求表达具有封闭性，政府基本公共服务需求收集难度加大，基本公共服务供给较为简单。云南省少数民族聚居较多，人口分布较为分散，各个少数民族聚居地点分散、规模较少，区域政府提供的基本公共服务的服务半径大，基本公共服务供给成本高。如教育领域，由于人口居住地较为分散，为了创造良好的上学环境，大多实行寄宿制教育，进而增加了教育设施建设成本。并且学校的人员管理、住宿等公共服务费用增加，提高了基本公共服务供给的成本。这对于财政基础较弱的地区而言，增加了政府财政压力。民族文化差异影响区域基本公共服务需求类型差异。不同民族由于历史文化不同对基本公共服务需求类型存在差异。少数民族地区，思想观念较为传统，经济发展较为落后，并且少数民族宗教文化浓厚，因此该地区对基础公共服务需求较大。区域民族文化的差异性影响区域基本公共服务均等化的实施。

传统观念会造成区域基本公共服务类型单一化。传统权威和官本位思想影响区域基本公共服务需求表达。文化素质较低的民众对民主权利了解不足，受传统权威和官本位等传统观念的影响较大，即使基本公共服务供给不能满足自我的需求，但是害怕受到惩罚，对基本公共服务需求表达采取回避措施，对基本公共服务需求采取不表达或者少表达等消极方式，不利于基本公共服务类型的多样化供给。政府对居民的基本公共服务需求无法进行有效、精准的识别定位，基本公共服务类型单一化。传统观念影响区域居民基本公共服务需求层次，进而影响基本公共服务类型。受传统观念影响较大的群体多为弱势群体，由于生活水平的限制，只考虑当前的利益和需求，对长远的利益考虑不当，对基本公共服务需求层次低，造成基本公共服务类型单一化。例如，在养老保险领域，投保人员自愿投保，但一些人受养儿防老等传统观念的影响，注重当前的利益和需求，对养老保险的投保率低，对养老领域基本公共服务需求低，基本公共服务供给少，基本公共服务类型单一。因此，传统观念影响群众的需求表达和需求层次，使基本公共服务需求单一，基本公共服务类型单一。

　　传统历史遗迹影响区域基本公共服务类型。历史遗迹是区域文化发展的重要资源，历史遗迹丰富的地区具有文化优势，通过文化遗迹的创新发展，打造城市的历史文化名片，进而带动当地其他领域的发展。因而，历史文化遗迹丰富的地区发展基本公共文化服务的意愿强烈，当地对具有标志性建筑或特色文化进行文化创新，将其发展为具有本地区特色的文化标签，促进当地经济和文化的发展，进而有利于教育、文化等社会性基本公共服务类型的发展。历史遗迹较少的区域无法形成历史文化名片，对历史遗迹的发展不够重视，本地的文化自觉和文化自信意识较弱。当地的各种发展中区域特色、文化特色不足，对文化发展不够重视，使当地基本公共文化服务的建设明显落后于历史遗迹较为丰富地区，进而拉大地区间基本公共文化服务的差距，对其他领域的基本公共服务造成影响，不利于区域基本公共服务均等化的发展。

三、区域人口流动程度影响基本公共服务均等化

（一）区域人口流动影响基本公共服务财政支出差异

　　人口流动使人口流入地区和人口流出地区的人口规模、人口年龄结构发生变化。区域政府依据当地人口变化适时调整基本公共服务财政支出规模和支出结构，为当地人民提供普惠性、优质化的基本公共服务。不同地区由于经济发展、基本公共服务资源等方面的差异，对人口的吸引力不同，进而影响区域人口流动的规模和结构。同时人口规模和结构的差异性会使当地政府的基本公共服务管理和运营成本产生变化。因此，区域人口流动影响基本公共服务财政支出差异。

　　区域人口流动影响基本公共服务财政支出规模差异。区域基本公共服务财政支出规模以当地人口规模为基本依据，人口规模较大的地区对基本公共服务需求量大，基本公共服务财政支出规模大；反之，

区域基本公共服务财政支出规模较小。就人口流入地而言，人口流入可以为当地提供充足的劳动力，促进当地经济的发展和政府财政的增收，从而扩大基本公共服务财政支出规模。同时，人口流入会挤占当地居民基本公共服务资源，容易造成群体间冲突和矛盾，为缓解本地基本公共服务资源拥挤效应，当地政府不得不增加基本公共服务财政支出规模，为当地居民提供充足的基本公共服务。就人口流出区域而言，大量劳动力的迁移和流出使当地人力资本流失，劳动力不足，不利于当地经济的发展和政府财政增收，从而减少基本公共服务财政支出规模。同时，当地人口的流出，基本公共服务需求减少，区域政府进而减少财政支出规模。根据《中国人口流动发展报告》数据可知，2015 年中、东、西部三大区域流动人口吸纳比例中，东部地区占54.8%，中部地区占 21.7%，西部地区占 23.5%。东部地区吸纳的流动人口占全部流动人口的一半以上，是人口流入地区，人口规模大，对基本公共服务需求量大，因此当地基本公共服务财政支出规模较大。而中西部地区吸纳的流动人口较少，人口流出量大，对基本公共服务需求降低，区域基本公共服务财政支出规模较小。

区域人口流动影响基本公共服务财政支出结构均衡差异。区域人口流动影响区域人口年龄结构变化，进而对区域基本公共服务财政支出结构造成影响。我国目前流动人口以青壮年劳动人口为主，人口的流动会造成当地人口年龄结构的变化，进而影响基本公共服务需求结构和供给结构，对政府财政支出结构具有重大影响。就人口流入地而言，人口流动可以为当地提供充足劳动力，提高青壮年人口比重，进而缓解当地人口老龄化。同时，劳动人口子女随迁，对流入地的教育等基本公共服务的需求增加，进而使当地教育相关的基本公共服务资源的供给增加，政府基本公共服务财政支出结构较合理、均衡。对人口流出地区而言，在人口自然增长率降低的背景下，由于大量劳动人口的流出，人口老龄化问题加重，与学龄人口教育相关的基本公共服务资源需求减少，与养老领域相关的基本公共服务需求增大，使当地基本公共服务财政支出中养老领域比重增加，基本公共服务财政支出结构均衡程度降低。政府人才争夺引发的人口流动对区域基本公共服务财政支出结构具有影响。根据区域基本公共服务的建设和完善情况，人们会用脚投票，致使人口流向基本公共服务较好的地区。近年来，我国区域间为促进本地区经济社会的发展，对高素质人才进行引进和培养。而高素质人才对教育、科技等方面的基本公共服务资源格外重视，区域政府为增强本地的竞争力，对当地教育、科技、民生保障等领域的基本公共服务进行投资和发展，进而增加当地教育、科技等方面的基本公共服务财政支出。同时，拥有高素质人才的地区有利于当地经济的高质量发展，拥有雄厚的资金进行人才培养和积累，进一步增加教育等方面的基本公共服务财政支出比重，影响区域基本公共服务财政支出结构的变化。经济发展较为滞后的地区教育、科技、医疗等方面的基本公共服务水平低于经济发达地区，人才流失严重，高素质人才引进困难，致使当地经济增速较为缓慢，政府财政实力弱，对交通设施等基础性基本公共服务供给偏好增强，而教育、科技领域的基本公共服务投资占基本公共服务总投资比重小，影响区域基本公共服务财政支出结构变化。

区域人口流动影响基本公共服务财政支出效率差异。人口流动使区域人口规模变化，进而影响区域政府治理和基本公共服务管理的难度和成本。对人口流入地区而言，人口的大量流入，人口规模增加，对当地教育、医疗、交通设施等基本公共服务造成一定的压力，政府投入相同的基本公共服务财政支出所获得的效果降低，财政投入与产出比率下降，政府基本公共服务财政支出效率降低。对人口流出地而言，人口的大量流失致使本地区人口规模减小，人口密度降低，对当地基本公共服务需求下降，进而缓解教育、医疗、交通设施等基本公共服务的压力。相同的基本公共服务财政支出能够为当地居民提供更多的基本公共服务资源，基本公共服务财政支出效率提高。区域人口流动影响区域治理的成本，进而影响区域基本公共服务财政支出效率差异。根据《中国流动人口发展报告》相关数据显示，我国流动人口受教育程度中初中学历仍然占据绝对主体，文化素质相对较低，收入不稳定，收入较低，在生活和心理健康方面压力大。部分流动人口容易对当地公共安全造成威胁，并且流动人口的管理成本较高，增加当地政府的管理成本。就人口流入地而言，区域政府公共安全领域的基本公共服务财政支出规模和成本加大，相应地压缩了其他领域基本公共服务的财政支出，区域基本公共服务财政支出效率降低。因此，区域人口流动影响区域基本公共服务管理成本，进而对区域基本公共服务财政支出效率造成影响。

（二）区域人口流动影响基本公共服务供需总量差异

中国经济发展阶段由高速度发展转向高质量发展阶段，人民不再满足于基本的生存需要，转向对更高层次需求的发展，对更高层次的消费需求增加。同时，中国逐步进行供给侧结构性改革，通过供给端的发展来应对民众的消费需求，从而以消费拉动经济增长。然而，基本公共服务均等化供需仍然存在矛盾，不利于经济均衡发展。

区域人口流动影响基本公共服务数量供需矛盾的形成。我国基本公共服务均等化政策的实施是以普惠性、优质化为目标进行发展的。由于地方之间、城乡之间经济差异，基本公共服务数量差异也比较明显。基本公共服务供给使地方、城乡居民基本能够在机会上享受到基本公共服务均等。但由于地区、城乡之间人口存在流动性，人口流入地区随着流动人口的不断增加，对基本公共服务需求增加，基本公共服务供给不足，存在拥挤现象。但同时人口流出地区人口的大量流失，对基本公共服务的需求降低，基本公共服务供给过剩，基本公共服务资源闲置浪费。因此，数量上的供需矛盾可能造成一部分资源闲置，无法得到有效利用，降低了基本公共服务资源利用效率。东北地区早期作为资源型工业城市，随着经济发展的转型升级，陷入老工业基地衰退的困境中。经济发展较为滞后，人口流失严重，当地交通、教育等基本公共服务资源闲置、浪费严重。长三角、京津冀等经济发达地区，是我国人口净流入区，人口流入量大，对区域基本公共服务需求增加。如果当地基本公共服务财政支出不变，流入人口基本公共服务需求将挤占本地区居民的公共资源，使区域基本公共服务供给难以满足当地居民的需求，形成供需矛盾。

周期性的人口流动影响区域基本公共服务数量供需矛盾。人口流动是由户籍地到其他地区居住的人口。并且由于各种政策和传统观念的限制，流动人口具有周期性的特点，即流动人口只是暂居在当前居住地，在春节等放假、探亲时期返回户籍地。人口流入地区，人口流动规模大，当地增加基本公共服务供给缓解本地基本公共服务压力。但是，在春节等时间段，流动人口返回户籍地，致使当地基本公共服务需求降低，当地基本公共服务资源存在闲置现象，造成基本公共服务资源的浪费。人口流出地区，当地居住人口规模减小，基本公共服务需求量小，区域基本公共服务供给规模小。当流动人口返回户籍地时，人口的大量回流对当地交通等基本公共服务设施造成巨大压力，基本公共服务存在拥挤和不足现象。因此，区域人口的往返流动导致区域间基本公共服务供给无法有效规划和统筹，致使人口流入区和人口流出区基本公共服务数量供需矛盾，区域基本公共服务非均衡发展。

（三）区域人口流动影响基本公共服务供需质量差异

区域人口流动不仅使人口流入地区和人口流出地区的基本公共服务需求在总量上有所变化，政府根据本地实际情况对当地基本公共服务进行供给，进而影响区域基本公共服务供给质量。

区域基本公共服务供给质量不仅与当地经济实力相关，还同当地居民对基本公共服务质量的要求相联系。当地居民对基本公共服务质量的要求高，更能通过自下而上的需求导向，进而倒逼区域政府提升基本公共服务供给质量。人口流入地区经济发展好，当地居民收入水平较高，对生活水平的质量要求高，对优质的基本公共服务需求高。区域为满足当地居民的基本公共服务需要，进而提升基本公共服务质量。人口流出区，经济发展较滞后，当地常住人口较少，对基本公共服务的质量要求较经济发达地区小，当地基本公共服务供给质量相对较差。区域人口流动是一个地区经济发展状况的反映，经济发展好，对外来人口的吸引力强，人口流入量大，当地基本公共服务规模扩大的同时对基本公共服务质量更加重视，拉动流入地区基本公共服务水平的提升。经济发展较差，人才吸引力差，人口大量流失，对当地优质的基本公共服务需求减少，当地基本公共服务供给质量提速较慢。由此，区域人口流动拉大基本公共服务区域差异。

区域人口流动虽然在一定程度上有利于人口流入地区基本公共服务质量的提升，但也对基本公共服务质量带来更大的挑战，进而使基本公共服务在质量上的供需矛盾更加凸显。第一，由于人口的流入，增加了当地政府基本公共服务财政压力，人均基本公共服务财政支出减少，个人享受的基本公共服务质量下降。第二，我国基本公共服务以千人指标作为基本公共服务配置标准，有利于区域基本公共服务的规划和供给，进而促进基本公共服务均等化的实施。但是，随着经济的不断发展和人口的不断流动，人口流入地区中不同群体对基本公共服务需求呈现差异化、多样化态势。例如，流入人口中青壮年等优质人才对教育、科技等基本公共服务质量的需求高，学龄群体的流入对当地的教育基本公共服务质量要求高。并且城市发展分为不同的功能区，不同区位具有不同的基本公共服务需求。仅以单一的千人指标作为基本公共服务配置标准而不变化调整，将使当地居民的高质量基本公共服务需求无法得到满足。长三角地区中，上海作为人口流入区，拥有较大数量优质人才的流入，人力资本丰富，居民收入和消费水平高、受教育程度较高，对当地教育、科技等基本公共服务质量要求高。相对于人口流出区的安徽省，上海居民除了对基本公共服务设施的数量和规模要求高以外，更看重基本公共服务质量的提升，对当地基本公共服务质量需求高。如果仅仅以千人指标作为基本公共服务配置标准对上海、安徽等地进行统一的基本公共服务供给，不注重各类群体的具体基本公共服务需求，将使当地基本公共服务需求和供给错位，既无法满足当地居民基本公共服务质量需求，又使基本公共服务资源无法得到有效利用。第三，人口流入地政府作为流入人口基本公共服务供给的主体承担者，对流入人口基本公共服务供给具有政策偏好，使流入人口享受的基本公共服务质量下降。区域政府为劳动人口提供基本公共服务，对没有劳动能力的基本公共服务提供较少。并且在提供基本公共服务供给时倾向于提供能够带来收入的公共服务，例如社保，通过流动人口参保为当地带来财政收入。而对于义务教育等基本公共服务提供较少，使流入人口无法得到优质的、普惠性的基本公共服务，区域内基本公共服务存在差距。

第六章

基本公共服务区域均等化的策略与实现机制

第一节 基本公共服务区域均等化的策略

一、区域基本公共服务供给创新

基本公共服务的框架由供给主体、内容、受众与机制几部分内容构成，政府是公共服务供给的主要主体和主导性力量，在区域基本公共服务的供给创新中起着重要作用。在社会不断发展变化的形势下，政府为适应社会发展变化，提高基本公共服务供给效率和质量，做出了一系列调整和制度创新。区域公共服务的多元主体在供给过程中不断根据实际情况调整和创新基本公共服务的供给机制与内容，虽然不同区域形成了各具特色的基本公共服务供给方式，但总体上表现出了一定的共性。我们总结了国内相关的做法，大致阐释基本公共服务供给的创新发展。

（一）区域基本公共服务的供给机制创新

目前来看，政府供给基本公共服务的机制改革主要是简政放权，推进服务型政府建设。在政府简政放权实践中，着重精简机构和把部分提供公共服务的供给权力下放给市场主体，减少了政府提供的公共服务项目，提高了政府效率；扩大了市场主体的自主权，市场主体可以承担部分公共服务供给；激发了市场主体的活力，提高了基本公共服务的供给质量，改善了过去政府垄断性供给导致的弊端。推进服务型政府建设即深化行政审批制度改革，继续简政放权，把一些不必要的行政审批事项取消，把可以由市场主体承担的职能权力下放给市场主体。目前政府部门供给改革创新实践可以概括为打造便民利民的"一站式"公共服务中心平台，便于市场主体及时根据市场现状和根据自身发展的利益诉求及时反馈，便于基本公共服务的受众根据公共服务内容和自身需求反馈信息，以维护自身的合法权益；两者相互结合促进搭建更加高效便捷的公共服务供给机制。

在市场经济中，如果政府与市场的界限划分不清晰明确，容易出现政府过度干预或市场失灵。政府在社会经济活动中被认为是"有形的手"，其目的是为了对市场进行管理和保护，维护市场秩序，促进市场健康发展。市场则是"无形的手"，在资源配置中起决定性作用，但是市场由于其在经济活动发展中存在的缺陷容易出现市场失灵现象，这就要求必须划清政府与市场的界限。我国政府在改革发展中对自身和市场的界限划分更加明确，对于基本公共服务的市场供给，政府充分发挥市场在资源配置中的决定作用，减少干预，逐渐形成了由政府监督、市场供给，或政府授权市场主体供给等公共服务供给方式。总之，二者相辅相成，充分发挥各自的优势来推动公共服务的创新。

各区域政府在提供基本公共服务供给中，更加注重激励市场主体和社会主体的参与，充分利用社会资金甚至是外国资金来提供公共服务。这种机制有两个主要模式：一是政府引入市场机制，把部分公共服务的项目和产品提供权力交给市场主体，政府负责监督管理，由市场主体负责具体的供给事项和收取相应的费用。二是引入多元的供给主体，鼓励和保护市场主体的供给创新，比如政府与市场主体合作供给，政府对市场主体创新公共服务的支持，政府对公益性社会组织的监管和支持等。

网络技术的发展为公共服务的供给提供了更加便利的条件，它使公共服务供给的决策信息来源更加充分，决策变得更加科学合理，提升了公共服务供给的精准度和供给效率，降低了公共服务的供给成本。依托于互联网的实时性和跨区域性，信息的传递突破了时空限制，各类公共服务供给主体借助互联网平台和依托大数据技术形成了协同的供给机制，公共服务的受众也可以将自己的需求信息利用互联网反馈给供给方，多方的信息沟通使得公共服务供给精准对接民众需求，促进了公共服务供给方式的创新发展。

政府运用现代信息技术，特别是5G和大数据技术来推行电子政务系统与行政服务中心，推动解决过去政府部门提供基本公共服务过程中的各种困难。比如过去政府提供的公共服务不能有效对接民众需求或不能满足多样化需求，政府单方面供给造成的垄断和基本公共服务建设不合格缺乏监督举报机制的问题。目前地方各级政府绝大多数都有自己的网络政务平台，并且借助第三方平台搭建自己的政务服务中心，不仅便于政府收集民众公共服务的需求反馈信息，也便于政府借助第三方平台相互协作提供公共服务供给或授权市场主体提供公共服务供给。

（二）区域基本公共服务的保障机制创新

区域公共服务存在区域区域经济发展状况，政府的财力水平，区域人口结构，区域公共服务供给机制的差异，以及需求的区域性、群体性和时间上的差异，在多种因素共同作用下，导致区域的基本公共服务出现时间和空间上发展不均衡的问题。随着社会经济不断发展，人民生活水平不断提高，民众对基本公共服务供给的质量要求不断提高，对个性化的公共服务需求不断增多，基本公共服务不均衡的问题亟待解决。近年来，在党中央的顶层规划部署下，各区域政府着重解决区域内公共服务供给不均衡的问题，逐渐创新了公共服务动态供给机制。包括以下几个方面。

1. 区域公共服务供给财政保障创新

区域公共服务供给从总体来看还是政府居于主体地位，这也就相应地要求政府对各项公共服务建设要投入必要的资金，可以说区域经济发展水平直接影响了区域政府的财政收入水平，而政府的财政收入水平则直接影响着区域公共服务供给的规模和供给质量。各区域近年来为了促进区域的基本公共服务均等化作了一些有关财政方面的创新发展。首先是努力发展本区域内的经济，把创新融入区域经济发展，提高区域经济发展的质量和效率；同时积极响应党中央精准扶贫和推进共同富裕的政策，努力改善区域内百姓的生活水平，努力提高基本公共服务供给均等化，如教育，医疗卫生，道路交通等多个领域，提高了区域内百姓的获得感和幸福感。其次，区域间政府不断优化财政收支结构，完善区域内中央与地方的财政转移支付制度，提高了区域公共服务供给的保障能力。最后，建立了财政收支的透明管理制度，进一步规范了公共服务财政支出的使用，监督和考核。具体可以参看本章第一节第四部分：区域基本公共服务均等化的财政制度。

2. 区域公共服务供给人才保障创新

人才在现代社会发展中的重要性不言而喻，人才被认为是科技创新的第一推动力；人才不仅能促进经济的创新和高质量发展，也能为公共服务供给创新提供源源不断的智力支撑。区域在促进公共服务供给创新中更加重视吸纳各地的人才，各区域为留住人才队伍出台了一系列相关的优惠政策和财力支持；同时也更加注重培养更多公共服务型人才，比如通过各种免费或收费较低的培训培养人才，稳定基层的人才队伍管理机制，尽可能地培养更多公共服务人才和留住相关人才。

3. 区域公共服务供给反馈机制创新

随着中央不断调整基本公共服务均等化发展规划，区域间的公共服务资源配置状况也更加充分合理，公共资源的综合利用效率也更高。第一，各区域内整合了之前比较碎片化、分散化的公共服务建设模式，转换成了充分考虑区域差异，便于群众享用的基本公共服务供给模式，使公共服务供给具有前瞻性的优势。第二，各区域根据人口结构变化，公共服务质量需求不断提升的现状，进一步促进区域内经济循环发展，努力改变传统百姓的消费观点，以扩大区域内需，增强区域内投资建设和加大区域产品出口等来拉动经济良好发展。公共服务供给则围绕这些方面提供，不仅为经济发展提供了便利条件，还实现了区域基本公共服务供给运行机制的创新发展。

各公共服务主体提供的基本公共服务的实现程度，取得的效果和综合效益如何，取决于公共服务受众的直接感受和评价、政策目标的实现程度和实施的监督管理过程，也可以参考第三方的评估。对此，各区域在发展过程中逐渐形成了基本公共服务绩效评估和公共服务责任制体系。第一，基本公共服务绩效评估体系的建设以公共服务的目的和原则为准则，各区域构建了各项公共服务的评价指标，规定了具体的评估方式和评估内容，引用了第三方评估，并且随着社会发展对指标进行相应的调整。具体而言就是对区域各级政府主体的权力和责任进行明确划分，对各级政府都有明确的分工和目标达成要求；将公共服务供给的状况纳入政府考核内容。第二，责任制体系建设即对公共服务供给出现的问题，追究相关负责人的责任，目前区域的创新实践是要强化相关干部的选拔、使用和考核，公共服务供给注重民众的参与和监督，强化上级对下级政府的监督等；更加体现服务型政府建设的要求，逐步形成了区域各级政府和公共共同致力于改善提高公共服务质量的良好局面。

二、区域基本公共服务均等化的目标和原则

"不谋全局者，不足谋一域"，不从事物全局的角度考虑问题，是不能解决区域的问题的。区域基本公共服务目标制定需要从区域变化发展的角度来考虑制度设计，同时也要从全国整体的角度来考虑各区域的具体情况，这样才能有效推进区域基本公共服务均等化的实现，区域基本公共服务均等化的目标发挥着指导区域大致发展方向，统筹规划全局，检验结果成效的重要作用。在参考国家《"十三五"推进基本公共服务均等化规划》和《"十四五"公共服务规划》的有关指导思想和具体规定，以及其他相关领域专家学者的学术研究成果后，本研究对基本公共服务均等化的目标和原则做了以下概括。

（一）区域基本公共服务均等化的目标

1. 建立长效公共服务供给体系，实现基本公共服务目标人群全覆盖

我国区域基本公共服务的差异化现状，决定了基本公共服务均等化的实现是一项长期性目标任务。从《"十四五"公共服务规划》可以看出，国家在就业、医疗、教育、养老、住房供给等九个大的方面制定了具体的标准。要逐步推进基本公共服务均等化，也就相应地要求区域将根据这九方面的标准和区域的实际情况建立长效的公共服务供给体系，把公共服务的目标人群全部覆盖。公共服务的体系包括众多方面，但其中关键是强调政府的责任和推动机制创新发展，强调保障人民的基本权利和满足人民的基本公共服务需求，强调对过程的监督和对结果的评估等。一方面，建立长效公共服务供给体系是我国深化改革发展的必然要求，供给机制的完善和健全可以有效解决社会发展过程中出现的各种问题和挑战，提高应对风险和挑战的能力，有利于维护公共服务供给的稳定，维护社会稳定。另一方面，实现基本公共服务目标人群全覆盖是社会公平公正发展的应有之意，也是我国人民当家作主的本质要求。从另一个角度来看，基本公共服务的供给服务无论是政府支出还是由第三方主体提供，它们资金来源都是普通人民，取之于民，用之于民，使所有人都受益也是一种价值追求。

2. 进一步缩小区域公共服务供给差异，持续提高基本公共服务均等化水平

我国基本公共服务供给在东、中、西部，城乡之间的差异表现较为明显，公共服务的供给与区域经济发展水平有直接密切的联系。首先是东、中、西部的基本公共服务供给区域差异，我国东部地区因为地理位置优越和改革开放的红利，区域经济发展水平高，所以相应的政府公共财政收入更多，用于基本公共服务供给的投资也就更多，相较于中西部地区公共服务供给区域内差异更小，均等化水平更高。近年来随着国家对中西部区域的投入加大，东、中、西部基本公共服务供给均等化差异逐渐缩小，公共服务不均衡状况得到改善。其次是城乡基本公共服务供给的差异，城乡基本公共服务供给差异问题由来已久，其成因也是因为城市经济发展水平远高于农村地区，城市自然就有更多的财政收入投入基本公共服务供给，但近年来随着乡村振兴战略和精准扶贫政策的推行，城乡基本公共服务差异现状得到了极大改善。总体来看，我国区域基本公共服务的供给差异在不断缩小，但仍存在一些问题，需要不断缩小区域基本公共服务供给差异，持续提高基本公共服务均等化水平，确保国家的发展成果由所有人共同享有。

3. 促进区域基本公共服务供给提质增效，不断满足人民美好生活需要

根据我国社会发展现状，党的十九大报告指出，当前我国社会主要矛盾已经变化为"人民对美好生活的向往同不平衡不充分发展之间的矛盾"①，过去基本公共服务供给的目标也需要作出相应的动态调整，从提供基本的公共服务转变为提供高品质，在满足人民基本生存发展的公共服务的基础上，更加注重满足多样化需求的公共服务。公共服务供给机制向着高效，便捷，智慧的高质量方向改革创新，注

① 习近平. 决胜全面建成小康社会 夺取新时代中国特色社会主义伟大胜利——在中国共产党第十九次全国代表大会上的报告（2017 年 10 月 18 日）. www.gov.cn.

重提供精准化，精细化，均等化和普惠化的公共服务，切实提升人民群众的公共服务满意度，公共服务供给将以九大领域为重点协同推进提高供给质量，追求实现更高层面的目标，注重从整体上满足人民对美好生活的向往的需要。

4. 建立更加规范的公共服务供给机制，提升公共服务供给过程的法治化、科学化、民主化水平

公共服务供给机制的规范化是公共服务均等化发展的必然要求，国家制定各项公共服务具体的最低标准，各区域要以此为准则，以法律的授权为依据，以社会现实性需求为导向，以区域现状为基础，以人民群众反馈信息为参考，以未来发展为展望，制定规范文件，明确区域内基本公共服务的各项细则，建立规范化的公共服务供给机制。未来我国公共服务供给过程将更加注重提升供给过程的法治化、科学化和民主化水平。法治化要求公共服务供给过程必须按照法律法规和相关程序来运行，加强对公共服务供给过程的监督管理，加强责任制的建设等，提高法治化水平才能确保公共服务供给机制的有效运行，才能确保供给过程的规范，为公共服务的供给提供有效保障。公共服务供给过程科学化发展即供给过程要尊重和符合事物的客观规律，对科学规划供给的内容，供给决策要充分了解客观信息，做出科学决策。公共服务供给过程民主化即建立人民群众的参与，监督和反馈机制，紧紧依靠人民群众来促进公共服务供给。

5. 推动区域构建新发展格局，促进全面迈向现代化国家远景目标实现

基本公共服务均等化过程的推进会提高区域基本公共服务的供给水平和质量，逐步提高人民群众的生活品质，扩大区域内总体需求，有利于促进区域扩大供给，实现经济的内循环，助推区域内经济的高质量发展；有利于促进区域间商品和生产要素的流动，为区域内相关产业的发展提供更加便利的生产条件，降低生产成本，促进产业经济的发展；基本公共服务均等化的推进利于培养更多公共服务型人才，

吸引和留住更多各行各业的人才，为区域的创新发展提供人才资源优势，提升区域整体创新实力。基本公共服务均等化过程的推进会促进区域新发展格局的构建，各区域总体平稳高质量发展，将会促进我国全面迈向现代化国家远景规划目标的实现。

（二）区域基本公共服务均等化的原则

目前从我国总体来看，区域公共服务均等化要遵循党中央的有关指导思想和中国特色社会主义建设的总体规划布局，各区域有关责任主体要积极响应配合国家的决策部署，积极落实和推进区域基本公共服务的规划部署，要充分推进区域基本公共服务均等化平稳向好发展，确保人民群众日常生活的公共服务获得感和幸福感进一步增强。

1. 以党和国家的决策部署为指引，积极落实推进基本公共服务均等化

坚持党中央集中统一领导，把党的领导贯穿于公共服务发展各个阶段、各个领域、各个环节，把党的政治优势、组织优势转化为推进公共服务体系发展、促进共同富裕的强大动力。坚持重大改革事项由党中央决定、整体工作进度由党中央掌握、政策实施情况及时向党中央报告，确保党中央关于公共服务体系建设的重大决策部署落地生效。[①] 区域推进基本公共服务均等化建设离不开党，是推进基本公共服务均等化的根本保证；基本公共服务均等化推进离不开国家的总体规划布局，国家从总体层面规定基本公共服务的具体内容和规范性标准，各区域政府要以国家的规范性文件为依据，明确各级政府的责任分工，各级政府各部门需结合区域实际情况，编制具体可行的方案，积极落实国家的总体规划部署，定期开展公共服务均等化建设的监督评估，做好报告、评估和总结工作，切实推进基本公共服务均等化

---

① 关于印发《"十四五"公共服务规划》的通知附件：《"十四五"公共服务规划》. https：//www.ndrc.gov.cn.

建设。

2. 以区域各级政府为主体主责推动，坚持多元主体协同参与和共建共享

从公共服务的运行框架来看，政府是社会公共服务供给最基本的主体和各项公共服务供给机制的主导力量，肩负着提供公共服务供给保障的责任。区域各级政府在新时代新形势下，需要增强公共服务意识，强化公共服务供给责任意识，始终做到以人民为中心，加快推进服务型政府建设，持续推进公共服务均等化建设；需要科学界定划分政府与市场的权力边界，积极引入和支持多元市场主体参与，充分发挥和利用市场机制的优势，加强对市场主体的监督管理和培育，不断扩大基本公共服务和非基本公共服务的优质供给；充分调动人民群众的积极性和创造性，使人民群众参与公共服务供给过程，促进公共服务供给过程的民主化。坚持多元主体的协同参与和共建共享，形成公共服务供给的良性循环。

3. 以辩证联系和发展的视角分析问题，用系统的方法统筹推进区域公共服务均等化

推进基本公共服务均等化发展需要用联系和发展的视角去分析问题。联系指的是基本公共服务均等化推进与许多其他事物之间存在着偶然或必然的联系。例如，从必然联系来看，我国社会主要矛盾的变化和全面实现社会主义现代化强国的目标、我国的经济结构转型人口结构变化等，这些都必然要求促进基本公共服务均等化进一步发展。从偶然联系来看，世界上其他国家推进公共服务均等化的实践经验对我们也有启示。现代科学技术的发展也会间接影响到我国的公共服务均等化实践。用联系发展的视角不仅能综合考虑影响公共服务均等化发展的各种因素，提高推进基本公共服务均等化过程的科学性，同时也能从普遍联系和变化发展的客观实际情况找出特殊性和普遍性的发展规律，利于科学系统地规划布局，加强各项制度规划设计，利于降低推进基本公共服务均等化建设的运行成本和风险，加强抵御未知风

险和困难的能力，切实有效推进基本公共服务均等化建设。

4. 以保障公民基本权利为理念，保障个人有同等的机会享受基本公共服务

区域实现基本公共服务均等化应考虑每个人有同等的机会享受基本公共服务，而不应该差别对待，在提供基本公共服务时应坚持公平和正义原则，对所有目标群体提供普惠、平等和相对均等化的基本公共服务。应当注意的是，相对均等化的公共服务并不违背公平正义的理念原则，反而是维护公平正义原则的应有之意，是我国现阶段经济社会发展的合理安排。它有两方面的内涵：一方面，相对均等避免了平均主义。历史经验已经表明，采用平均主义"劫富济贫"的方式社会是发展不起来的，会严重影响效率。另外，区域发展差异使得平均主义行不通和城乡居民对公共服务需求的不同偏好必然要求提供不同的公共服务。另一方面，基本公共服务均等化推进应由相关的目标群体自由选择，也就是说给予目标群体相同的机会和权利享受基本公共服务，但目标群体是否愿意选择需要遵从个人意愿，否则就会变成强制。

5. 以人民群众需求为导向，实现基本公共服务有效对接需求

公共服务供给所追求的结果普遍而言是为了满足受众的需求，是为了给目标群体提供最大限度的便利条件，最大限度满足目标群体的需求。研究总结国内外公共服务的改革的发展历程，可以看出公共服务的供给主体改革，供给内容变更，供给机制创新都是围绕供给受众的需求变化而进行的，本质是为了建设公众满意度更高的公共服务。我国经济发展由高速增长阶段转向高质量发展阶段，在新时代新的形势下，公共服务的改革创新需要以人民群众的需求为导向，有效对接和着重解决群众最关心、最紧急、最迫切的公共服务需求。

6. 以评估整合高效利用区域资源为基础，积极促进公共服务供给创新

推进基本公共服务均等化发展从经济的角度来剖析，可以近似地

认为是政府将区域资源优势转化为财政收入，然后政府再通过财政支出的方式推进基本公共服务均等化，使目标群体的每一个人都有同等的机会从中获益。区域各级政府在推进公共服务均等化发展中，首先应评估区域内的资源大体情况，然后注重整合区域内各种资源，在符合新发展理念的前提下，积极发挥主观能动性和创造性，努力将资源优势转化为经济优势，转化为政府财政收入，为基本公共服务均等化建设提供充分的财力保障。在新时代背景下，区域公共服务供给主体要充分利用现代化科学技术手段，充分发挥科学技术的优势，持续推进公共服务供给机制的创新。

三、区域基本公共服务均等化的供给模式

公共服务供给模式是基本公共服务均等化实现过程的核心环节，它是公共服务均等化内容变为现实的过程，它直接连接了供给主体和供给受众，影响着公共服务供给的水平和质量，影响着基本公共服务均等化的发展。区域公共服务供给的政府与市场主体合作供给模式，大致可以分为三种类型。

（一）政府供给模式

1. 中央政府供给模式

中央政府在推进区域基本公共服务均等化过程中，发挥着总体规划布局和监督管理区域基本公共服务均等化建设的工作。中央政府对地方政府的监督和管理除了科层制的行政架构，更重要的是面对我国各区域公共服务不平衡发展的现状，需要中央政府立足于国家长远发展，做好顶层规划设计，统筹部署全局。例如，在地方派出机构进行监督和指导；对区域基本公共服务均等化建设的经验经行总结和推广；建立中央与地方的财政转移支付制度，加大对区域公共财政支出的投入，加强对欠发达地区的财政支持；从国家总体层面缩

小区域基本公共服务的差异，促进区域的基本公共服务均等化协调发展。

2. 地方政府供给模式

这种模式可以概括为地方政府对中央政府推进基本公共服务均等化政策的执行，地方政府以中央政府的政策内容为依据，根据区域内的文化环境、人口结构、经济发展水平、自然条件等具体情况，运用科学的方法制定区域的公共服务均等化政策，确定重点推进的领域，比如基本的义务教育体系、社会保障体系、基本医疗保障、住房保障、民生就业保障等，目的是加强补齐公共区域基本公共服务的短板；强化区域内各级政府的事权与财权建设，对各级政府的任务和公共财政支出做明确规定；对公共政策的执行过程进行监督管理，注重收集各种反馈信息，对基本公共服务过程及时修改调整；对公共服务建设结果做出评估等，逐渐形成更加民主化和科学化以及法治化的动态公共服务供给模式。

（二）政府与市场主体合作供给模式

1. 政府监管的合同外包模式

这是政府提供公共服务使用最为广泛的模式，此模式是政府对于分散程度高、资金需求量小的基本公共服务所采取的方式，比如城市治安管理，道路清洁养护，基本设施维护等。在此模式中，政府主要负责支付相关的外包费用和进行监督管理，不仅解决了政府相关人员配置不足的问题，降低了政府提供公共服务的维护成本，提高了供给质量和效率，也提供了相关的就业岗位，拉动了就业与社会经济发展。

2. 政府授权的特许经营模式

这是一种越来越普及化发展的供给模式，即政府向私人部门或私营企业颁发授权其在特定时间和特定地点对某种公共服务或公共物品进行经营的经营许可证，也就是经营特许权。在这种模式下，政府负责监督公共服务的质量和承担形象代表，由相关的私营部门负责提供具体的供给服务和收取相应的费用，并且相关的负责人需承担相应的责任，比如城市的天然气、自来水供应等。它的优势在于有利于通过竞争提高公共服务的供给质量，有利于吸纳社会资本的参与，弥补政府资本存在的不足。

3. 政府主导的多方合作供给模式

此模式是在提供基本公共服务的项目中，由政府主导控制股权，市场主体和第三部门出资共同参与，合作提供基本公共服务。这种模式在一些资金需求量大、盈利周期长的基本公共服务重大工程项目供给比较常用，一方面，它不需要政府拿出大量的所需资金，减少了政府的财政压力，但政府需要做好规划和监管；另一方面，它可以有效利用社会资本，促进资金流通流转，减少社会资金闲置；从长远来看，这种模式也有利于促进基本公共服务重大工程的建设，推进基本公共服务的均等化发展。

（三）社会组织供给模式

公共服务的供给中，公共服务的社会化供给近年来越来越明显。近年来，越来越多的社会组织承担着提供特殊公共服务需要的主体。目前社会上主要的供给提供者是公益性社会组织和社会公众志愿服务组织。公益性社会组织一般是指在法律允许的领域内，向不特定的多数人无偿或者以较优惠条件提供服务，从而使服务对象受益的社会组织。目前主要有中国青少年发展基金会、中国红十字基金会、中国宋庆龄基金会等；社会志愿服务组织即中国青年志愿者协会、中国志愿服务基金会、中国文艺志愿者协会等。社会组织在政府的引导下和法律允许范围内提供了各具特色的公共服务供给，促进了公共服务供给内容的创新，满足更多差异化的公共服务需求。

四、区域基本公共服务均等化的财政制度

近年来，中央政府加大了对欠发达区域的财政投入，努力实现区域政府基本公共服务财政的均等化，为基本公共服务均等化发展提供足够的财力保障。

（一）财政转移支付制度

财政转移支付制度是促进区域基本公共服务均等化发展的常用手段之一，主要表现形式为中央政府对地方政府财政的竖向转移支付。区域财政转移支付制度主要表现形式为区域内财政的横向和纵向转移支付。

1. 中央与地方财政转移支付制度

这种制度是中央政府对国家财政收入和支出有明确的规划，对各区域财政转移支付的规模和内容有明确的计划，对地方政府基本公共服务供给的责任和内容有明确规定；我国财政转移支付制度中的三种方式分别是：税收返还、一般性转移支付和专项转移支付。目前，税收返还在财政转移支付中占的比重最大，是主要的财政转移支付方式；其次是专项转移支付；最后是一般性转移支付，它所占的比重最小。[①]

2. 区域财政转移支付制度

区域财政转移支付制度主要是区域内各级政府的纵向财政转移和区域内各细分区域的横向财政转移支付，其目的是促进区域内基本公共服务财政支出大体均衡，弥补区域内基本公共服务的差异。区域财政转移支付制度与中央与地方的财政转移支付制度大体相同，分为税

---

① 岳军. 基本公共服务均等化与公共财政体制创新 ［M］. 北京：中国财政经济出版社，2011：137.

收返还、一般性转移支付和专项转移支付。

（二）中央与地方分税制

中央与地方的分税制改革对于推动区域基本公共服务均等化有着重要的作用。分税制改革后，大部分地方财政收入归于中央政府，中央政府财政收入得到极大增加，中央政府有足够的财力管理全国重大事务，能够依靠财政收入优势统筹推进区域基本公共服务建设，为区域基本公共服务均等化的实现提供强有力的支持。

（三）区域公共财政制度

公共财政是区域内政府提供基本公共服务供给的基础，是实现区域基本公共服务均等化的重要保障之一，各区域在基本公共服务供给发展中，逐渐建立起了完备的区域公共财政制度。本研究结合区域的一些公共财政实践，将区域公共财政制度分为基本公共服务财政预算制度、基本公共服务财政专项资金制度、基本公共服务财政扶持和引导制度、基本公共服务财政购买制度。

基本公共服务财政预算制度是区域政府将区域内基本公共服务项目细化，根据国家基本公共服务的目标和要求、区域政府的财政收入状况，采取民主化，科学化的方式编制推进区域基本公共服务均等化政策，确定区域基本公共服务均等化推进的详细内容，并对政策做充分的评估，确保政策的可执行性等。基本公共服务财政专项资金制度是区域政府主体为解决重大民生项目工程采取的一种公共财政制度，它的具体表现可以是区域各级政府主体与中央政府协同合作推进某项基本公共服务建设，也可以是为了解决区域内特殊的基本公共服务需求而由区域政府主导的专项资金制度。基本公共服务财政扶持和引导制度是区域政府主体为了弥补政府财政的缺陷和发挥市场机制的优势，促进区域内要素的流动、促进区域内多元主体协同合作供给基本公共服务，而对相关的市场主体或社会组织采取政策和资金支持，并对它们加以监督管理和进行规范化的培训或指导，促进提供更加多元的和更高质量的基本公共服务供给，以满足区域内日益增长的多样化的公共服务需求。

（四）区域公共财政监管和绩效评估制度

1. 公共财政监督管理制度

公共财政的使用是否符合有关规定，公共财政资金的使用是否公开透明、是否受到相应的监督和管理，直接关系到区域基本公共服务均等化建设过程的效率，规范性和合法性。区域在推进基本公共服务均等化发展过程中建立较为完备的公共财政监督管理制度，包括出台符合经济社会发展新的规范性政策文件，强化区域内上级政府对下级政府的监督管理，加强区域内人大在公共财政的监督管理，加强对有关主体的责任制建设，进一步加强公共财政收支的公开透明程度，进一步加强人民群众的积极参与监督等。

2. 公共财政绩效评估制度

公共财政支出对基本公共服务均等化推进的效果如何，是否达到了预期目标，是否实现了效益最大化使用，这些都是关于公共财政绩效评估的问题。对公共财政进行绩效评估有着重要意义：一方面，它可以作为推进基本公共服务均等化建设财政投入和产出效果的参考，可以作为政府政绩的考核指标之一；另一方面，通过分析公共财政的使用过程，分析基本公共服务各项目投入建设的结果，总结经验教训，利于更加科学合理分配公共财政对基本公共服务建设的各项投入资金，使公共财政得到更加科学高效的使用，产生更多经济效益。目前区域内公共财政绩效评估制度主要有：政府部门对公共财政绩效的评估，第三方机构对公共财政绩效的评估，人民群众对公共财政绩效的评估等。

第二节　基本公共服务区域均等化的实现机制

一、基本公共服务均等化的纵向供给实现机制

（一）基本公共服务均等化的财政保障机制

中央政府与地方政府共同按一定的比例出资，共同合作供给某项基本公共服务给所有公共服务目标群体，比如义务教育、医疗卫生保障、社会保障、住房保障等。这种机制下，中央政府与地方政府采用多种财政制度分配资金，主要方式有财政转移支付、分税制、公共财政制度和财政监督管理制度，目的是促进中央政府和地方政府资金的合理分配，使各级政府有足够的财力推进各自基本公共服务均等化建设目标的达成。中央政府与地方政府建立的公共服务财政保障制度，虽然侧重有所不同，但主要目的都是提高经济发展水平、增加人民群众的收入、增加财政收入；促进资金的流通和高效利用、推动区域政府公共财政的均衡发展、缩小区域基本公共服务差异，为推进区域基本公共服务均等化建设提供相应的财力保障。

（二）基本公共服务中央和地方政府合作供给机制

中央和地方政府逐渐建立起更加法治化、科学化和民主化的公共服务供给机制；由中央统揽全局，确定国家发展方向和目标，地方根据具体情况积极落实基本公共服务建设的一种机制。包括中央和地方基本公共服务建设的合作机制建设、基本公共服务的法律法规建设、公共服务供给的不同标准的制定和调整等。中央和地方基本公共服务

建设的合作机制建设一般是用于需要巨大资金的国家重大公共服务项目、为了国家所有目标群体提供的基本公共服务，或者花费资金数额巨大且地方政府无法单独提供的基本公共服务，或者需要多个区域协同供给的基本公共服务；往往采用中央和地方共同承担费用的方式，中央负责领导全局工作，地方负责积极配合，推动落实。基本公共服务的法律法规建设即由中央政府推进公共服务的立法工作，不断对公共服务供给的有关法律法规进行补充完善；地方政府负责按有关规定推进基本公共服务均等化建设和定期向中央政府汇报工作，并接受有关单位和人民群众的监督。公共服务供给的不同标准的制定和调整，是中央政府和地方政府分别为基本公共服务均等化提供不同的标准，比如由中央政府确定公共服务的国家标准，地方政府在国家最低标准的基础上确定地方公共服务的标准；由中央和地方共合作同促进基本公共服务均等化建设。

（三）基本公共服务人才队伍建设机制

中央和地方政府为了促进公共服务均等化科学合理布局，提高基本公共服务供给政策的前瞻性和专业性、适用性而采取的一种基本公共服务供给机制。基本公共服务均等化建设除了资金，政策，法律规范和监督，技术支持外，还应该认识到其中一个重要的内容——那就是基本公共服务的人才队伍建设。21世纪是科技创新的世纪，是信息智能化迅速发展的时代，但归根结底还是要靠相关的人才来支撑所有的科学技术创新和发展。术业有专攻，专业的事需要交给专业的人来做，基本公共服务均等化建设的现状已经从过去的简单和单一供给转换成了复杂化和多元化的供给，迫切需要更多的拥有专业知识和技术的人才来解决复杂问题。目前从中央政府的人才队伍建设机制来看，主要是以国家智库，思想库建设为主；地方政府虽然也有类似的智库建设，但主要还是以政策吸引和留住人才，培养相关人才为主。

（四）基本公共服务评估监督机制

基本公共服务评估监督机制是基本公共服务均等化建设供给的一个重要保障，它的主要目的是检验基本公共服务均等化建设在特定的时间、空间范围内取得的成效，并对后续基本公共服务均等化建设提供有益的参考；是为了促进基本公共服务均等化建设过程的合法性和规范性，确保基本公共服务均等化建设按既定政策和为达成预期目标顺利展开，促进基本公共服务均等化建设有效推进。中央和地方的基本公共服务评估监督机制侧重各有不同，中央主要负责对地方公共服务建设取得的成就进行考核和评估，推广区域的先进经验，负责监督区域公共服务的执行过程，确保国家总体目标的实现，向全国人大做主题报告并接受全国人大的监督。地方政府的基本公共服务均等化建设评估方式一般是政府部门评估，第三方评估和人民群众评估；监督方式主要是接受上级政府的监督管理和引入人民群众参与监督。

二、基本公共服务均等化的政府与市场结合机制

（一）政府引入社会资本机制

区域在基本公共服务供给过程中逐渐认识到引入社会资本参与公共服务供给的可行性和必要性。目前政府在引入社会资本过程中，对于不同类型和不同内容的基本公共服务会采取不同的方式，比如在基础设施建设领域，政府通过发布招标信息，签订合同，让社会主体出资参与基本公共服务工程建设并获得一定时期和范围内的经营管理权，到期后由政府收回；直接长期交由市场主体经营管理，全权由市场主体负责；政府部门对现有的一些公共服务市场供给主体按相应价格予以收购，由政府经营管理；政府对现存的一些公共服务供给主体予以改建然后再收购；政府直接委托一些市场主体提供公共服务供

给，政府出资让市场主体来建设基本公共服务等。

（二）政府激励市场主体机制

政府激励市场主体是因为公共服务的特殊性，要求市场主体要把社会效益放在首位，注重提供更加优质和普惠的公共服务；但是市场是具有趋利避害倾向的，增加社会效益就相应要减少企业利润，增加生产成本，这是一个矛盾，如果不能很好地解决这一问题，将会打击相应市场主体的生产积极性。政府激励机制则较好地解决了这一问题。从区域的具体实践来看，对市场主体的激励措施主要有予以相应的税收减免、给予政府的财政奖励或财政资金支持、给予一定的政策优惠条件、拓宽市场主体的融资渠道、完善市场主体的融资方式、鼓励市场主体积极创新、鼓励市场主体承担更多的社会责任等。

（三）政府引导市场主体机制

政府引导市场主体机制的难点是政府对市场主体引导的程度，因为这种引导不只是政府对市场主体进行的宣传或培训，它是需要政府承担相应的公共服务供给责任，即政府需要在某种情况下对一些违规或违法的市场主体运用强制的手段进行规范管理或惩罚处置，是政府对市场主体的一种监管。各区域在基本公共服务供给均等化的建设过程中，逐渐建立科学和规范的市场主体引导机制，包括通过完善公共服务供给行业的自律协议，增强市场主体的诚信和责任意识，完善市场竞争机制，价格引导机制和供求调整机制等。

（四）政府与市场主体合作机制

从目前的发展状况来看，首先是政府积极推动自身职能的转变，从过去的管理型政府向服务型政府转变，简政放权，把一些可以由市场提供的公共服务交给市场主体；减少不必要的行政审批事项，降低市场主体进入公共服务供给的准入门槛，完善公共服务供给的退出机制，促进供给主体的多元化和平稳发展；政府通过完善法律法规进一步规范市场机制。政府与市场合作的主要方式为：政府通过一定的方式选择出最具竞争力的市场主体，把公共服务的供给服务外包给市场主体、授权部分市场主体某种基本公共服务的特许经营，或者政府与市场主体通过股份或合同的形式共同出资提供公共服务、政府直接购买市场主体提供的公共服务等；政府往往承担监督管理的责任，规范市场运行机制，具体供给服务由市场主体提供，坚持以社会效益为导向，承担相应的责任，并收取相应的费用。

三、大数据驱动下区域基本公共服务供给均等化

（一）区域基本公共服务供给主体的变革

1. 供给主体公共服务供给理念的转变

在大数据技术日趋成熟的今天，政府供给公共服务更加注重各部门间的数据分享，注重部门间的协调。政府改变了过去单一供给的模式，加强对数据资源的智能化分析和使用，在提供基本公共服务时会形成多种方案的组合模型，注重提供更加多样化的基本公共服务。通过大数据技术精准分析用户公共服务需求，利用技术创新和经营管理方式提供具有特色的公共服务，开拓和占据更多的市场。市场主体也从过去依靠提质降价恶性竞争方式转变为靠创新驱动开辟多元化市场，不仅降低了竞争，还增强了自身的市场竞争力，利于企业的长远发展。

2. 公共服务供给主体决策方式的转变

随着大数据技术在基本公共服务均等化建设过程中的运用，政府由传统的行政决策逐渐转变成数据信息决策，政府更加重视数据信息的综合使用，注重通过大数据技术精准分析公共服务供给存在的问题，通过智能化的技术手段分析和预测发展倾向，提高了公共服务决

策的科学性。同时政府更加注重决策过程的开放程度，鼓励人民群众积极建言献策，吸纳人民群众的有益意见，推动公共服务决策的民主化程度提高。

3. 供给主体的协同合作能力增强

公共服务供给主体的协同合作供给需要有相应的平台和充分的交流沟通，才能增强供给主体的协同合作能力，而互联网技术和大数据技术恰好就提供了这样一个契机；首先是政府通过自身存有的可以开放的海量数据搭建智能化的网络办公平台，实现基本公共服务供给有关信息的透明公开，共享基本公共服务的数据资源。其次是基本公共服务供给的市场主体和社会主体可以通过政府平台或企业平台及时地获取相关信息，同时借用网络平台向政府部门提出意见和建议；打破各个主体之间独自经营的碎片化供给，使各供给主体在提供基本公共服务时实现优势互补，互惠共赢。

4. 供给主体供给能力和效率的提高

公共服务供给主体通过大数据技术对海量的大数据做可视化、直观化的处理，将有用信息聚合整理成能区域公共服务供给需求的云图谱，多维度和多个细分领域的公共服务需求，提供更加精细化、多样化的公共服务需求；通过大数据技术分析和智能化平台的搭建，准确判断出区域内公共服务供给的短板，精准分析区域内真实的公共服务需求，提高公共服务供给的整体效益。

（二）区域基本公共服务供给过程的优化

数据技术使公共服务过程的监督管理变得更加数字化和便捷化，完善监督举报机制，问题反馈系统建设，加强与供给受众信息的传递、沟通，落实对反馈信息的收集后，实现供给过程的动态调整，能最大限度满足人民群众的公共服务需求，使供给过程变得更加民主化和科学化。大数据技术的便捷性和及时性对公共服务供给过程的促进作用，使基本公共服务供给过程实现了优化。

（三）区域基本公共服务供给机制的智能化

政府部门或市场主体利用信息技术和大数据技术搭建网络平台，着重从社会实际中解决社会对公共服务需求量的动态变化，个性化需求的变化等问题而采取的方式。主要是对公共服务需求的感知导向供给，通过整理分析大量用户使用的关于公共服务的数据，进一步分析公共服务受众的需求量以及不同偏好，提供与之契合的公共服务，可以有效提升人民群众公共服务的获得感与满意度。另外是对公共服务供给主体碎片化供给方式的整合，形成多元化网络供给主体，通过增强各主体间的系统合作，搭建公共服务智能响应平台。

四、大数据时代我国基本公共服务供给创新的路径

大数据时代，我国基本公共服务供给创新的路径是指各区域在推进基本公共服务均等化的过程中，发挥大数据在公共服务供给过程中的特定优势，即结合物联网、互联网、大数据以及人工智能等现代信息技术对区域基本公共服务供给过程产生的各种数据进行实时的记录、采集、整合、分析和处理，并在庞大数据分析的基础上促进和实现基本公共服务供给的创新，以优化公共服务资源的配置，促进基本公共服务供给方式的智慧化、供给内容的精准化和供给服务及产品的质效提升。

（一）搭建基本公共服务大数据平台，实现智慧供给

1. 借用大数据平台的供给模式

这里的平台指的是用于公共服务供给的空间或场所，它既可以是现实生活中的有关公共服务供给的主体使用的设备和场所，也可以是网络世界中的虚拟平台。目前借用大数据平台的供给模式大致可以分

为三类：一是政府搭建平台委托市场主体合作模式，这是政府与市场主体通过大数据平台合作实现公共服务供给的一种方式，也称为公私伙伴关系（PPP）模式，一般表现为政府部门把大数据平台和系统专业技术的研发和运行维护交给专业的市场主体。二是政府搭建互联平台与多方协同共享共治模式，这种模式是供给主体通过自己已有的平台搭建各供给主体的互联平台，通过各主体间的数据开放实现业务协同和资源共享，以达到集成化便捷的区域基本公共服务供给。三是政府借用平台与多方协同治理模式，这是政府部门通过借助市场主体已有的大数据平台或系统并与其合作提供公共服务供给的一种模式，一般多用于长期性的公共服务项目。

2. 智慧化供给机制建设

智慧化供给机制是大数据、人工智能、现代通信技术日益结合和发展的产物，主要表现为基本公共服务供给的智慧化与智慧决策。基本公共服务供给的智慧化表现为公共服务供给由政府给予、从追求数量向为以人为本、品质优先转变，智慧化的供给方式契合了公众多样化、深层次的公共服务需求，也注重追求满足人们对公共服务获取便捷化的要求。从供给方式来讲，通过加强部门之间的协同配合，简化服务流程，并充分运用大数据、云平台等智能化技术，使公众通过移动设备即可享受一站式服务。智慧决策是借助大数据、云计算、互联网等先进的科学技术，对人民的需求进行全方位的感知、识别、分析、预测，从而优化决策过程，辅助公共服务供给者决策更加科学化和有效化的决策方式，最终有效实现公共利益最大化。

（二）公共服务监管深度融合大数据技术，实现监管方式创新

大数据技术发展驱动了国内公共服务监管方式创新。第一，大数据驱动公共服务监测与异常发现：使用复杂网络理论，通过编程模拟计算的方法，或利用相关搜索引擎构建并比较线性回归、主成分回归

或人工神经网络模型来选出最优模型；引入官方发布的数据信息，进行模型优化等一系列操作来实现公共服务监测与异常发现。第二，大数据驱动公共服务监管方式创新：在大数据时代的云储存技术、大数据预处理和挖掘技术的支持下，将各个公共部门如民政、公安、人社、税务、工商等的数据库进行联网和信息共享、建立统一的数据比对和分析模型，通过数据库之间的比对，建立数据之间的关联关系，即"循数"监管公共服务受众；另外是公共服务的实时监管，通过大数据采集技术能有效收集政府管理系统、网络日志以及社交应用平台中政府部门和公务员的行为数据，利用数据信息还原其采取的行为，实现对公共服务供给者的实时监管，提升了公共服务供给的效率。第三，大数据驱动多元参与公共服务监管。通过数据融合共享来监管公共服务主体和受众，从以行政监察、科层监督为主要内容的"同体监督"转向企业、社会组织对政府部门的"异体监督"，实现政府与社会、企业的协同多元监管。

（三）利用大数据技术推动精准决策，促进公共服务的精准供给

政府可以借助大数据技术实现公共服务需求的识别与预测；实现供给与需求之间的匹配与平衡；促进供给过程中的精准决策。第一，大数据技术驱动公共服务供给的需求识别与预测。需求识别主要包括需求感知、发掘、识别、公共服务供给以及结果评估五个环节，大数据对于公共服务需求的精准识别能够进一步催生创新政策和服务的新理念，最终实现公共服务供给创新。第二，大数据技术驱动公共服务供需匹配与平衡。政府、公民与服务机构等多元主体协同配合，利用大数据技术推动公共服务供给管理，从公共服务需求管理、公共服务供给决策、公共服务流程管理以及公共服务绩效评价四个阶段入手，实现公共服务供给与需求的精准匹配，从而推动我国公共服务管理模式向更高效、更精准转变。第三，大数据技术驱动公共服务精准决策。大数据驱动下，政府决策不仅体现出以满足个体差异为特征的精

准化，更体现出以自主感知、自主预判、自主决策为特征的智慧化。大数据将海量的资源进行整合，通过对数据的采集、分析、利用，将传统的"经验决策"转变为"科学决策"，决策机制的重塑是治理能力科学化的体现；同时对公民个性化的需求进行精准施策以实现公共服务供给过程精准化。

参 考 文 献

[1] 郭光磊. 北京市城乡基本公共服务均等化研究 [M]. 北京：中国言实出版社，2016.

[2] 豆建民，刘欣. 中国区域之间基本公共服务水平收敛性的实证研究 [M]. 上海：上海人民出版社，2018.

[3] 张英洪等. 北京市城乡基本公共服务发展研究 [M]. 北京：中国政法大学出版社，2013.

[4] 安东尼·阿特金森，约瑟夫·斯蒂格利茨. 公共经济学 [M]. 上海：上海三联书店，1994.

[5] [美] 埃瑞克·菲吕博顿等. 新制度经济学 [M]. 上海：上海财经大学出版社，1998.

[6] 阿马蒂亚·森文. 作为能力剥夺的贫困，视界（第四辑）[M]. 李春波译. 河北：河北教育出版社，2001.

[7] 巩真. 教育均等化政策对收入差异影响的国际比较——美、韩经验借鉴和中国问题分析 [J]. 陕西师范大学学报（哲学社会科学版），2006（02）：117 – 123.

[8] 严汉平等. 区域协调发展——大国崛起的必然选择 [M]. 北京：中国经济出版社，2011：11 – 124.

[9] 石培琴. 我国区域基本公共服务均等化研究 [D]. 财政部财政科学研究所，2014.

[10] 刘德吉. 基本公共服务均等化：基础、制度安排及政策选择——基于制度经济学视角 [M]. 上海：上海交通大学出版社，2013.

[11] 杨宜勇，曾志敏，辛向阳，刘志昌，魏娜. 助推国家治理

体系现代化促进均等化提升获得感《"十三五"推进基本公共服务均等化规划》专家解读（下）[J].宏观经济管理，2017（10）：49-55.

[12] 常修泽.中国现阶段基本公共服务均等化研究[J].中共天津市委党校学报，2007（2）：66-71.

[13] 王谦.城乡公共服务均等化问题研究[D].山东大学，2008.

[14] 唐钧.农村"留守家庭"与基本公共服务均等化[J].长白学刊，2008（2）：96-103.

[15] 曾红颖.我国基本公共服务均等化标准体系及转移支付效果评价[J].经济研究，2012，47（6）：20-32+45.

[16] 郭小聪，代凯.国内近五年基本公共服务均等化研究：综述与评估[J].中国人民大学报，2013，27（1）：145-154.

[17] 江明融.公共服务均等化论略[M].中南财经政法大学学报，2006（3）.

[18] 江明融.公共服务均等化问题研究[D].厦门大学，2007.

[19] 孔薇.中国基本公共服务供给区域差异研究[D].吉林大学，2019.

[20] 姜晓萍，陈朝兵.我国基本公共服务体系的共同趋势与地区差异——基于国家和地方基本公共服务"十二五"规划的比较[J].上海行政学院学报，2013，14（6）：4-16.

[21] 解怡.地区间基本公共服务均等化问题研究[D].吉林大学，2010.

[22] 周俊.我国基本公共服务非均等化的原因探析[J].学会，2009（10）：3.

[23] 中国财政学会"公共服务均等化问题研究"课题组.公共服务均等化问题研究[J].经济研究参考，2007（58）：8.

[24] 宋小宁，德宇.共服务均等、政治平衡与转移支付——基

于 1998—2005 年省际面板数据的经验分析 [J]. 财经问题研究，2008（4）：93.

[25] 张恒龙. 财政竞争对地方公共支出结构的影响——以中国的招商引资竞争为例 [J]. 经济社会体制比较，2006（6）：62.

[26] 赵怡虹，李峰. 中国基本公共服务地区差距影响因素分析——基于财政能力差异的视角 [J]. 山西财经大学学报，2009（8）：16.

[27] 胡祖才. 努力推进基本公共教育服务均等化 [J]. 教育研究，2010，31（9）：8 – 11.

[28] 胡祖才. 关于促进基本公共服务均等化的若干思考 [J]. 宏观经济管理，2010（8）：16 – 19.

[29] 丁元竹. 准确理解和把握基本公共服务均等化 [J]. 中国发展观察，2009（12）：26 – 29.

[30] 唐钧. 服务型政府的根本是服务 [J]. 中国卫生，2008（9）：47.

[31] 项继权，袁方成. 我国基本公共服务均等化的财政投入与需求分析 [J]. 公共行政评论，2008（3）：89 – 123 + 199.

[32] 吴忠民. 改善民生的有效途径 [J]. 北京观察，2008（2）：20 – 23.

[33] 贾康. 中国财政体制的改革 [J]. 中国发展观察，2006（1）：20 – 21.

[34] 李荣杰. 在基本公共服务均等化的理论下透视我国公共服务体制建设 [J]. 今日南国，2008（2）：25.

[35] 孔凡河，袁胜育. 困境与进路：我国推进基本公共服务均等化的思考 [J]. 贵州社会科学，2009（3）：21 – 22.

[36] 安体富，任强. 公共服务均等化：理论、问题与对策 [J]. 财贸经济，2007（8）：21.

[37] 熊波. 财政分权、转移支付与公共服务均等化 [J]. 学习

月刊, 2009 (3): 15.

[38] 中华人民共和国国民经济和社会发展第十三个五年规划纲要 [N]. 人民日报, 2016 – 03 – 18 (001).

[39] 边旭东. 我国区域基本公共服务均等化研究 [D]. 中央民族大学, 2010.

[40] 2020 年基本公共服务均等化总体实现_滚动新闻_中国政府网. www. gov. cn/xinwen/2017 – 03/03/content_5172774. htm.

[41] 胡祖才. 推进基本公共服务均等化的内涵和路径 [N]. 人民日报, 2010 – 10 – 08 (007).

[42] http://www. mohrss. gov. cn/xxgk2020/fdzdgknr/zcfg/gfxwj/shbx/201407/t20140717_136169. html.

[43] http://www. mohrss. gov. cn/SYrlzyhshbzb/shehuibaozhang/zcwj/201705/t20170518_271006. html.

[44] 中共中央党史和文献研究院. 十八大以来重要文献选编 (下) [M]. 北京: 中央文献出版社, 2018.

[45] 习近平. 习近平谈治国理政 (第二卷) [M]. 北京: 外文出版社, 2017.

[46] 李杰刚, 李志勇. 新中国基本公共服务供给: 演化阶段及未来走向 [J]. 财政研究, 2012 (1): 13 – 16.

[47] 李玉秀. 基本公共服务的演进: 主体、结构与模式 [J]. 重庆理工大学学报 (社会科学), 2020, 34 (7): 71 – 77.

[48] 于秀丽. 排斥与包容: 转型期的城市贫困救助政策 [M]. 北京: 商务印书馆, 2009.

[49] 中共中央文献研究室. 建国以来重要文献选编 [M]. 北京: 中央文献出版社, 1992.

[50] 景天魁, 毕天云, 高和荣. 当代中国社会福利思想与制度: 从小福利迈向大福利 [M]. 北京: 中国社会出版社, 2011.

[51]《当代中国》丛书编委会. 当代中国的职工工资福利和社

会保险 [M]. 北京：中国社会科学出版社，1987.

[52] 郑功成. 中国社会保障论 [M]. 北京：中国劳动社会保障出版社，1994.

[53] 贾康，刘军民. 中国住房制度改革问题研究 [M]. 北京：经济科学出版社，2007.

[54] 曹普. 人民公社化时期中国农村合作医疗制度的历史演变（1958—1984）[N]. 中共石家庄市委党校学报，2009（5）.

[55] 郑秉文，于环，高庆波. 新中国60年社会保障制度回顾[J]. 当代中国史研究，2010（2）.

[56] 李春. 嬗变与重构. 新中国成立以来公共服务模式转型分析 [J]. 四川行政学院学报，2010（1）.

[57] 王昕宇. 京津冀基本公共服务均等化影响因素及对策研究[D]. 天津大学，2019.

[58] 郭攀攀. 长江经济带基本公共服务区域差距与效率评价研究 [D]. 重庆工商大学，2016.

[59] 张倩冬. 长三角基本公共服务配置水平差异及其影响因素研究 [D]. 华东师范大学，2015.

[60] 寻舸. 论区位因素对农村公共产品供给的影响 [J]. 农村经济，2013（3）：7-10.

[61] 杨艳. 跨区域公共服务财政资源配置评价研究 [D]. 云南师范大学，2017.

[62] 王丛虎，门理想. 公共资源配置方式的变革逻辑及历史验证——基于公共资源交易价值的理论视角 [J]. 公共管理与政策评论，2021（3）：92-106.

[63] 伍凤兰，陶一桃. 区域公共产品的有效供给——基于配置效率的视角 [J]. 财政研究，2015（10）：15-20.

[64] 宋文. 提升资源型城市财政自给能力 [J]. 宏观经济管理，2021（8）：84-90.

［65］石杨杨．长三角基本公共服务水平区域差异及影响因素研究［D］．安徽财经大学，2021．

［66］高翔，龙小宁．省级行政区划造成的文化分割会影响区域经济吗？［J］．经济学（季刊），2016，15（2）：647 – 674．

［67］熊琦，邓楠．九城"下好一盘棋"，武汉城市圈同城化发展格局初显［N］．新华每日电讯，2021 – 12 – 28（001）．

［68］闵雷，熊贝妮，吴聪．城市高质量发展理念下的"两江四岸"滨水空间治理——武汉百里长江生态廊道规划实践［C］//面向高质量发展的空间治理——2021 中国城市规划年会论文集（08 城市生态规划）．2021：97 – 105．DOI：10. 26914/c. cnkihy. 2021. 027874．

［69］邬越．武汉城市圈同城化问题访谈［J］．长江论坛，2021（4）：28 – 31．

［70］张辉，郑轩，戴佳贝．助力实现"9 个城市就是 1 个城市"——省政协月度专题协商会建言加快武汉城市圈同城化发展［J］．湖北政协，2021（6）：12 – 13．

［71］张恒龙，宁可．坚持高质量发展努力实现上海城乡基本公共服务一体化［J］．科学发展，2021（4）：96 – 107．

［72］岳钰君．武汉 4 年之后缘何没有"看海"［J］．科学大观园，2020（15）：26 – 29．

［73］张立杰．"顾客"导向下上海公共文化服务供给方式创新研究［D］．上海师范大学，2018．

［74］许渊．基于城市内涝探索武汉建设海绵城市路径研究［J］．黑龙江生态工程职业学院学报，2016，29（4）：7 – 8．

［75］张振刚，张小娟．广州智慧城市建设的现状、问题与对策［J］．科技管理研究，2015，35（16）：87 – 93．

［76］陈小文．广州市公共文化服务均等化问题研究［D］．华南理工大学，2014．

［77］段胜译．成都社会保障城乡一体化改革探索的经验与问题

研究 [D]. 西南财经大学，2013.

[78] 王爱学. 公共服务创新：难点与对策 [J]. 人民公仆，2015（1）：80 – 83.

[79] 张薇. 我国基本公共服务均等化的发展历程和建设策略 [J]. 哈尔滨工业大学学报（社会科学版），2019（6）：123 – 129.

[80] 潘楠. 区域公共服务均等化实现机制与完善对策 [J]. 人民论坛，2015（29）：138 – 140.

[81] 谢芬，肖育才. 财政分权、地方政府行为与基本公共服务均等化 [J]. 财政研究，2013（11）：2 – 6.

[82] 颜德如，岳强. 城乡基本公共服务均等化的实现路径探析 [J]. 学习与探索，2014（2）：43 – 47.

[83] 王慧芳. 国家治理现代化视域下基层政府公共服务供给机制创新研究 [J]. 法制与社会，2021（22）：75 – 76.

[84] 潘心纲，张兴. 当代中国基本公共服务均等化的实现路径 [J]. 江汉大学学报（社会科学版），2014，31（1）：29 – 34，125.

[85] 孙伟仁，张平，徐珉钰. 制度创新视角下我国城乡基本公共服务均等化路径探析 [J]. 东北农业大学学报（社会科学版），2016（2）：27 – 32.

[86] 周莹. 中国基本公共服务均等化现状及其发展 [J]. 毛泽东邓小平理论研究，2015（6）：53 – 57 + 92.

[87] 许光建，许坤，卢倩倩. 我国基本公共服务均等化研究：起源、进展与述评 [J]. 扬州大学学报（人文社会科学版），2019，23（2）：41 – 49.

[88] 李军鹏. 新时期推进基本公共服务均等化的思路与对策 [J]. 新视野，2019（6）：52 – 59，71.

[89] 周庆元，温春玲，刘振平. 区域城乡基本公共服务均等化的进程及实现机制探析 [J]. 统计与管理，2014（8）：116 – 118.

[90] 汤金金，孙荣. 公共服务供给机制创新的路径选择：从惯

性治理到动态治理 [J]. 社会治理, 2018 (10): 80-86.

[91] 李晓梅, 青鑫, 郑冰鑫. 基本公共服务均等化视角下空间治理情境变动及策略研究 [J]. 软科学, 2021 (11): 39-45.

[92] 李佳炜. 基本公共服务均等化研究综述 [J]. 西部学刊, 2020 (23): 154-156.

[93] 范柏乃, 唐磊蕾. 基本公共服务均等化运行机制、政策效应与制度重构 [J]. 软科学, 2021 (8): 1-6.

[94] 张启春, 杨俊云. 基本公共服务均等化政策: 演进历程和新发展阶段策略调整——基于公共价值理论的视角 [J]. 华中师范大学学报 (人文社会科学版), 2021 (3): 47-56.

[95] 郭小聪, 朱侃. 地方政府公共服务创新: 驱动机制与路径选择——中国情境下的分析框架和经验证据 [J]. 北京行政学院学报, 2020 (1): 14-25.

[96] 蒋瑛. 公共服务均等化的中国实践 [J]. 行政论坛, 2011 (5): 53-57.

[97] 文敏, 文波. 国内外基本公共服务均等化研究综述 [J]. 昭通学院学报, 2016 (3): 73-78, 89.

[98] 张春龙. 基本公共服务均等化: 实现民生共享的重要路径 [J]. 唯实, 2016 (10): 56-59.

[99] 吴昊, 陈娟. 基本公共服务均等化的实现路径新探 [J]. 云南社会科学, 2017 (2): 64-69.

[100] 王嘉. 浅议政府公共项目引入社会资本的运作模式 [J]. 中小企业管理与科技 (上旬刊), 2015 (11): 132-133.

[101] 侯雷. 民生与民主: 基本公共服务均等化的困境与出路 [J]. 社会科学战线, 2014 (3): 279-280.

[102] 姜晓萍, 郭宁. 我国基本公共服务均等化的政策目标与演化规律——基于党的十八大以来中央政策的文本分析 [J]. 公共管理与政策评论, 2020 (6): 33-42.

［103］倪红日，张亮.基本公共服务均等化与财政管理体制改革研究［J］.管理世界，2012（9）：7－18，60.

［104］于红，李国君.大数据视域下公共数据库模型的几种设想［J］.新闻研究导刊，2017（6）：74.

［105］唐晓阳，代凯.大数据时代提升政府治理能力研究［J］.中共天津市委党校学报，2017（6）：74－83.

［106］上官莉娜，潘晨.大数据驱动的公共服务供给模式变革：逻辑、类型与向度［J］.电子政务，2021（3）：73－82.

［107］谢宇.大数据背景下流动人口基本公共服务均等化策略［J］.广东开放大学学报，2020（1）：107－112.

［108］王岳龙.大数据背景下基本公共服务均等化研究［J］.中国财政，2015（2）：57－59.

［109］贺小林，马西恒.基本公共服务均等化的财政保障机制与模式探索——经济新常态下浦东改革的实证分析［J］.上海行政学院学报，2016（5）：27－35.

［110］熊兴，余兴厚，黄玲.基本公共服务可及性的逻辑内涵、评价指标及实现路径［J］.改革与战略，2021（8）：69－79.

［111］梁波.加快推进基本公共服务均等化的改革举措［J］.理论探讨，2018（4）：34－40.

［112］彭慧.以公平为导向的政府公共服务供给机制创新研究［C］.湘潭大学，2012.

［113］周清香.中国基本公共服务均等化研究［C］.西北大学，2015.

［114］边旭东.我国区域基本公共服务均等化研究［C］.中央民族大学，2010.

［115］李拓.基本公共服务均等化与区域城乡差距研究［C］.湖南大学，2017.

［116］丁忠毅.近年来中国基本公共服务均等化问题研究回顾

与反思［J］. 中共四川省委省级机关党校学报, 2014（2）: 82 - 86.

［117］张紧跟. 论国家治理体系现代化视野中的基本公共服务均等化［J］. 四川大学学报（哲学社会科学版）, 2015（4）: 5 - 12.

［118］李玉秀. 基本公共服务均等化制度完善的三层维度［J］. 齐齐哈尔大学学报（哲学社会科学版）, 2021（9）: 69 - 73.

［119］王家合, 赵喆, 柯新利. 公共服务合作治理的主要模式与优化对策［J］. 中国行政管理, 2018（11）: 154 - 156.

［120］范春蕾. 基本公共服务均等化的实现机制研究［C］. 中国石油大学, 2010.

［121］温晓鹏. 基本公共服务均等化的实现路径研究［C］. 郑州大学, 2012.

［122］韩国英. 区域基本公共服务均等化与财政政策研究［C］. 天津财经大学, 2020.

［123］程岚. 实现我国基本公共服务均等化的公共财政研究［C］. 江西财经大学, 2009.

［124］陈晓兵. 我国基本公共服务均等化的制度困境与对策研究［C］. 中央民族大学, 2012.

［125］孙建军. 我国基本公共服务均等化供给政策研究［C］. 浙江大学, 2011.

［126］郭厚禄. 我国基本公共服务均等化研究［C］. 中共中央党校, 2009.

［127］杨宇. 中央与地方财政体制研究——基于黑龙江省的案例分析［C］. 财政部财政科学研究所, 2015.

［128］石培琴. 我国区域基本公共服务均等化研究［C］. 财政部财政科学研究所, 2014.

［129］李凡. 转移支付、财力均衡与基本公共服务均等化［C］. 山东大学, 2013.

［130］肖育才. 转移支付与县级基本公共服务均等化研究——

以四川省为例［C］.西南财经大学，2014.

［131］李欣.转移支付与基本公共服务均等化［C］.华中科技大学，2015.

［132］杨宇.中央与地方财政体制研究——基于黑龙江省的案例分析［C］.财政部财政科学研究所，2015.

［133］邹冰宇.优化区域间基本公共服务均等化的政府转移支付研究——以我国东、中、西部15省为例［C］.江西财经大学，2021.

［134］陈娟.区域基本公共服务均等化与财政体制改革研究——以广东省为实例的分析［C］.吉林大学，2017.

［135］黄蓝.基本公共服务均等化与电子政务建设研究——以梧州市万秀区为例［C］.武汉大学，2014.

［136］王高敏.大数据时代我国公共服务供给创新研究［C］.中国矿业大学，2020.

［137］张沛.大数据时代下数据治理及政策研究［C］.电子科技大学，2021.

［138］张晓杰.区域基本公共服务均等化［M］.上海：上海人民出版社，2019.

［139］周琛影，田发.区域基本公共服务均等化—— 一个财政体制的分析框架［M］.上海：上海人民出版社，2018.

［140］张贤明等.基本公共服务均等化研究［M］.北京：经济科学出版社，2017.